ZenArt Editions

Jardins harmonieux

Livre de coloriage relaxant

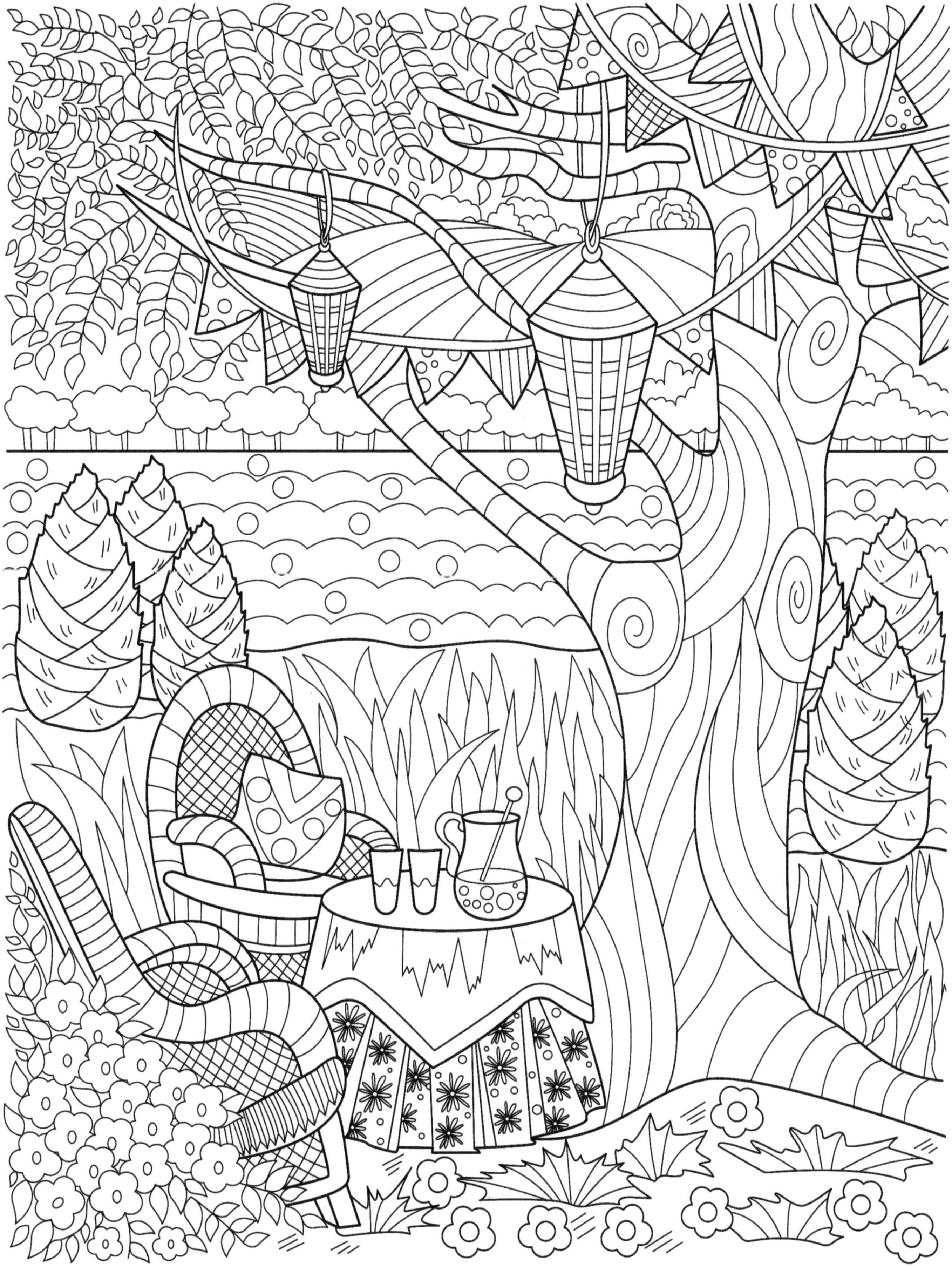

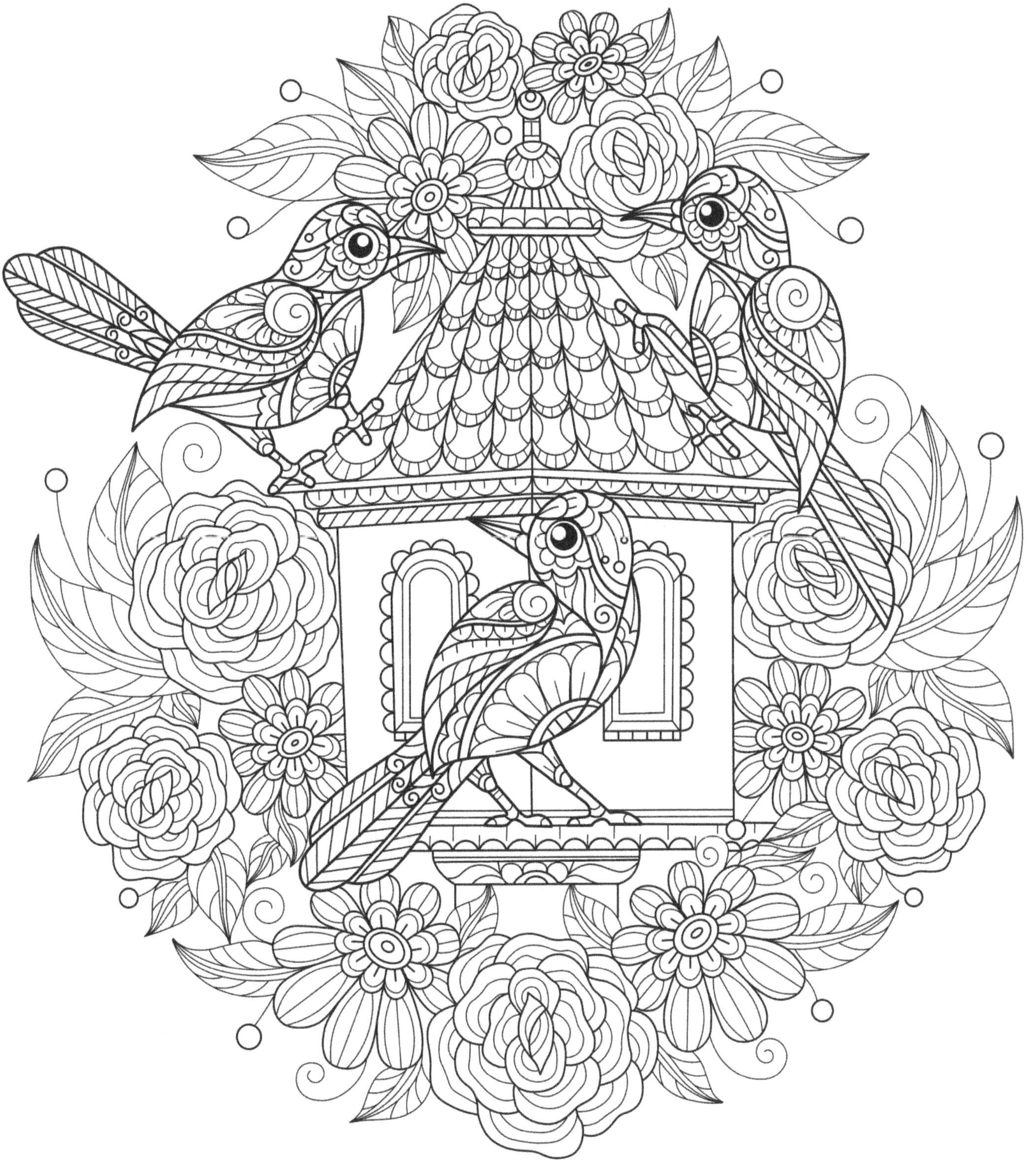

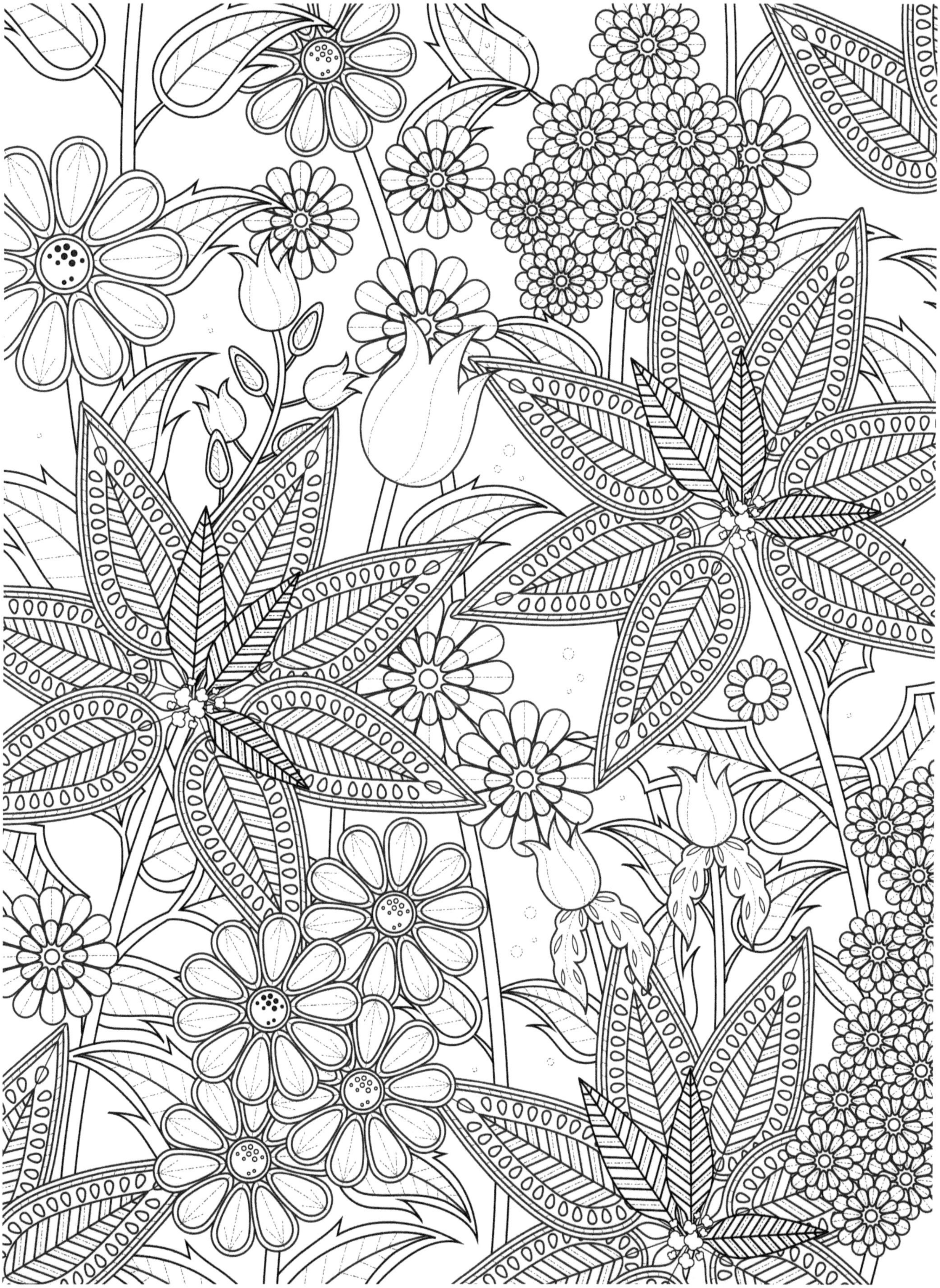

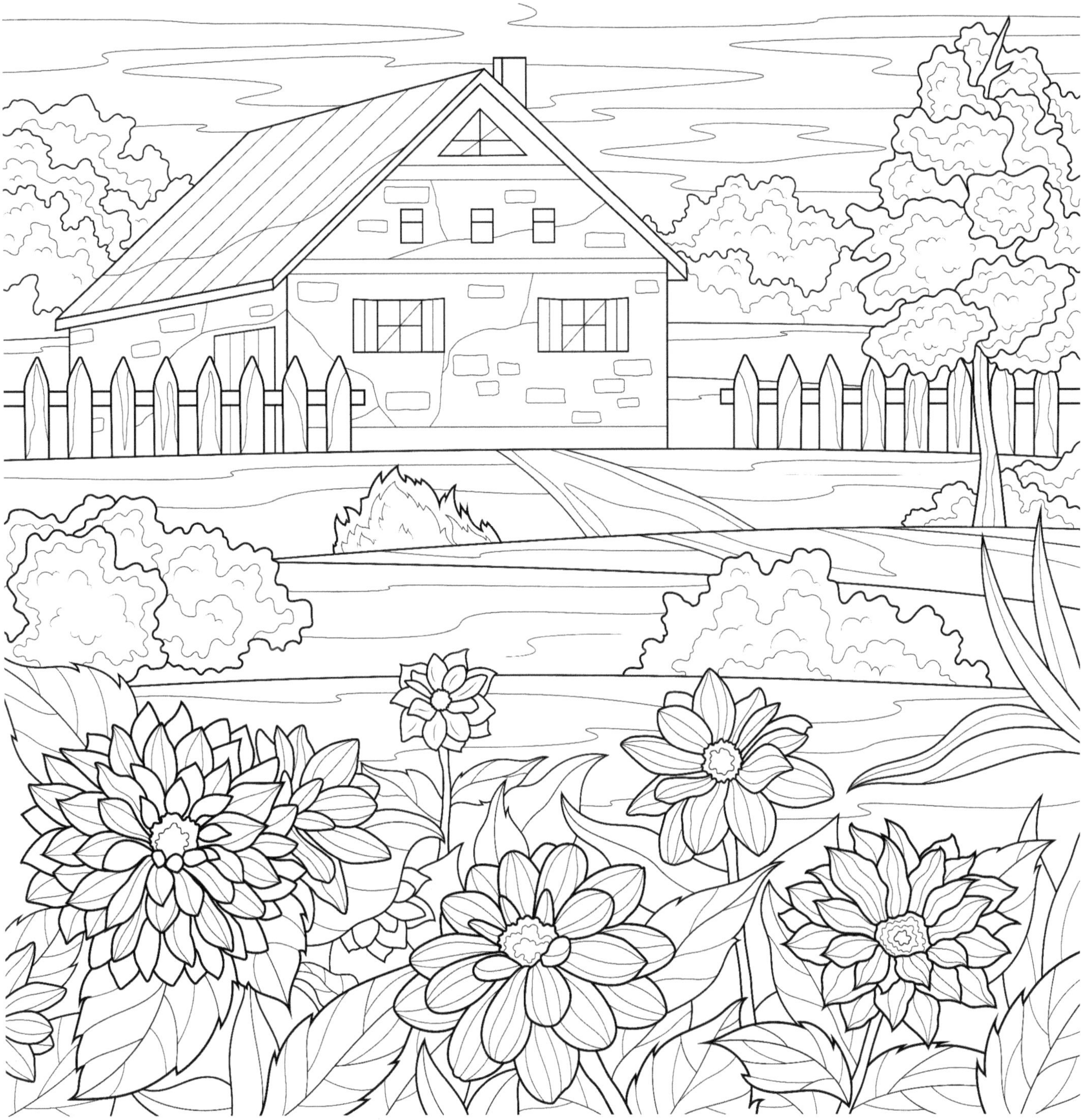

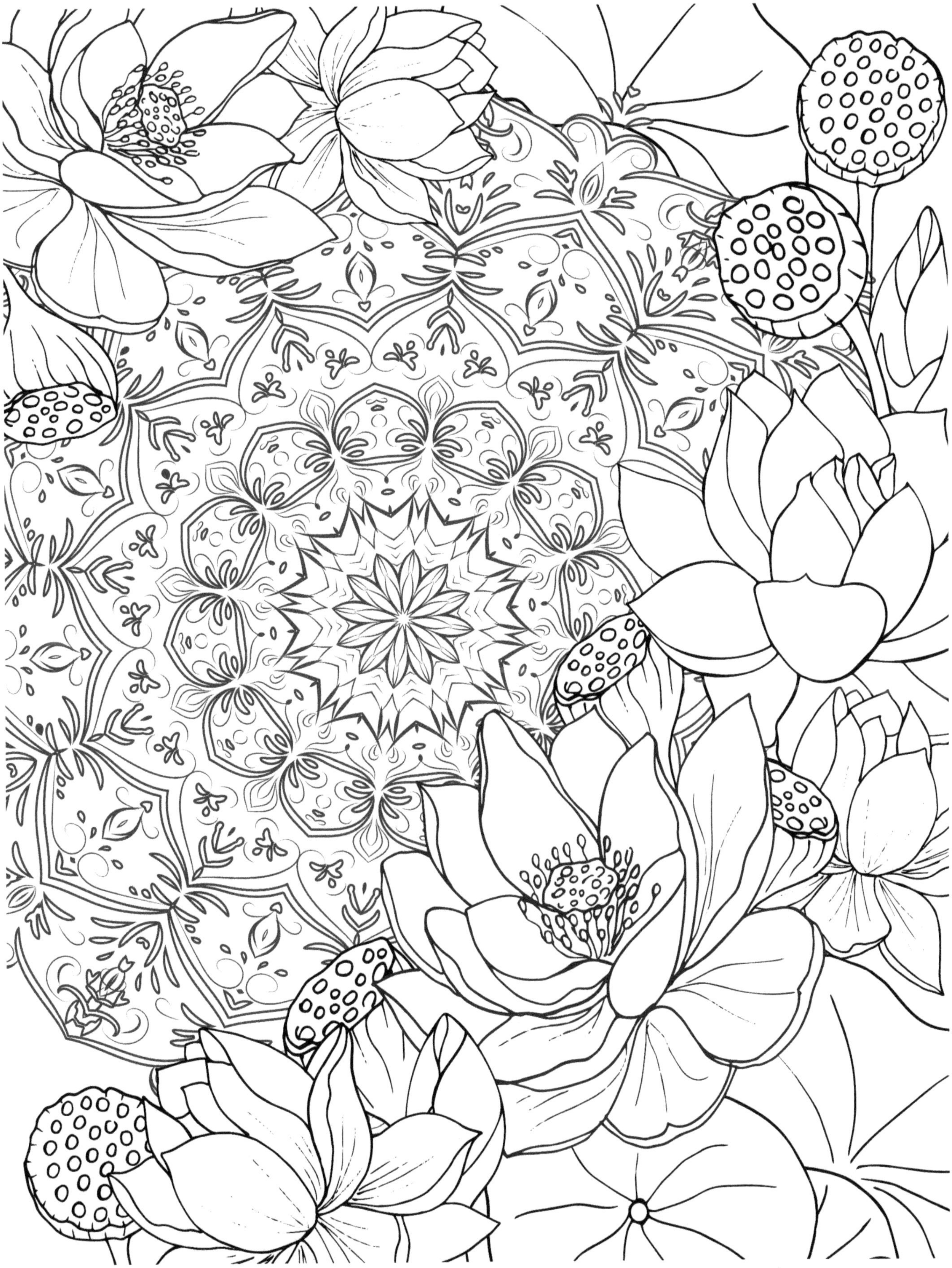

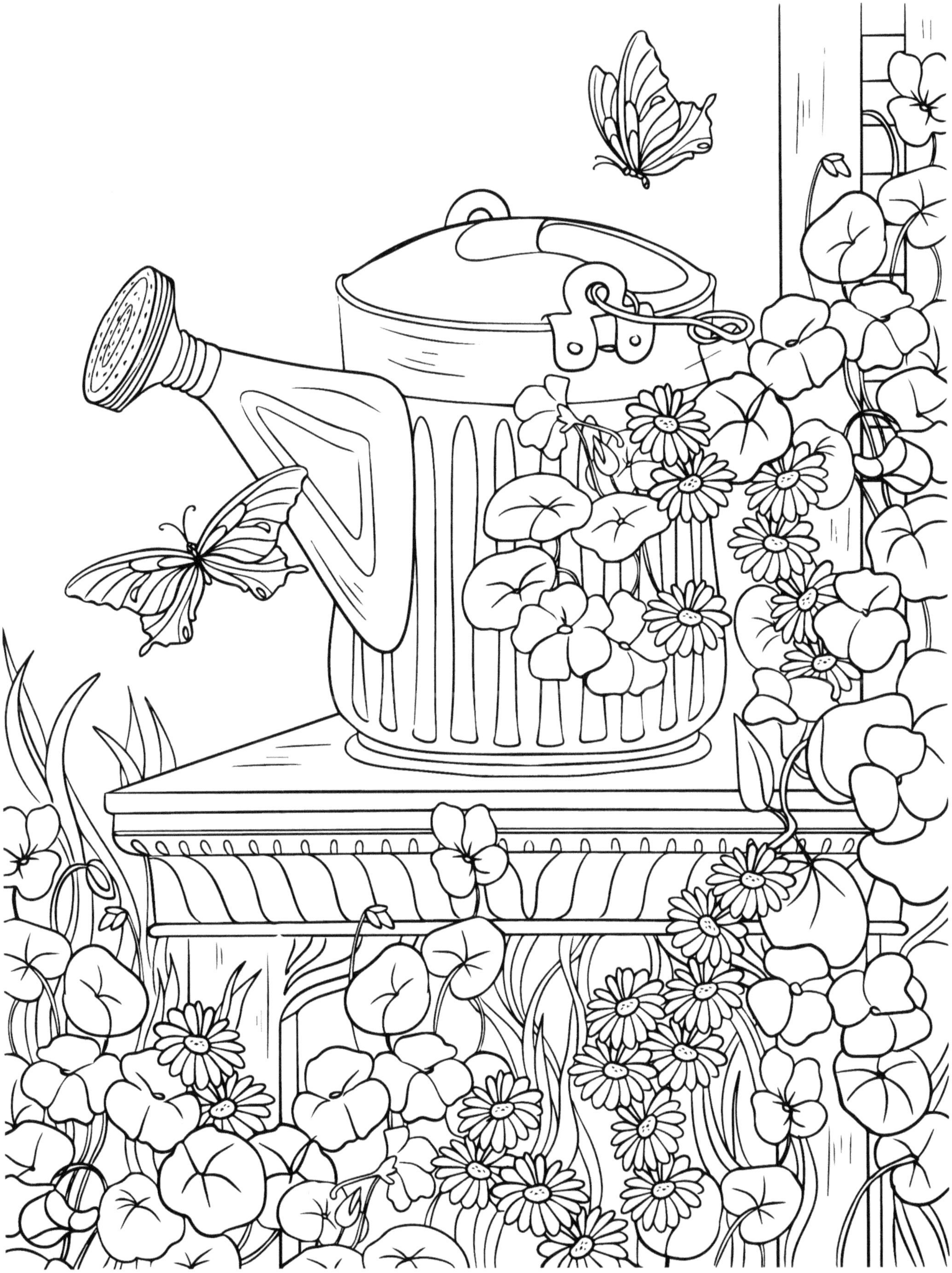

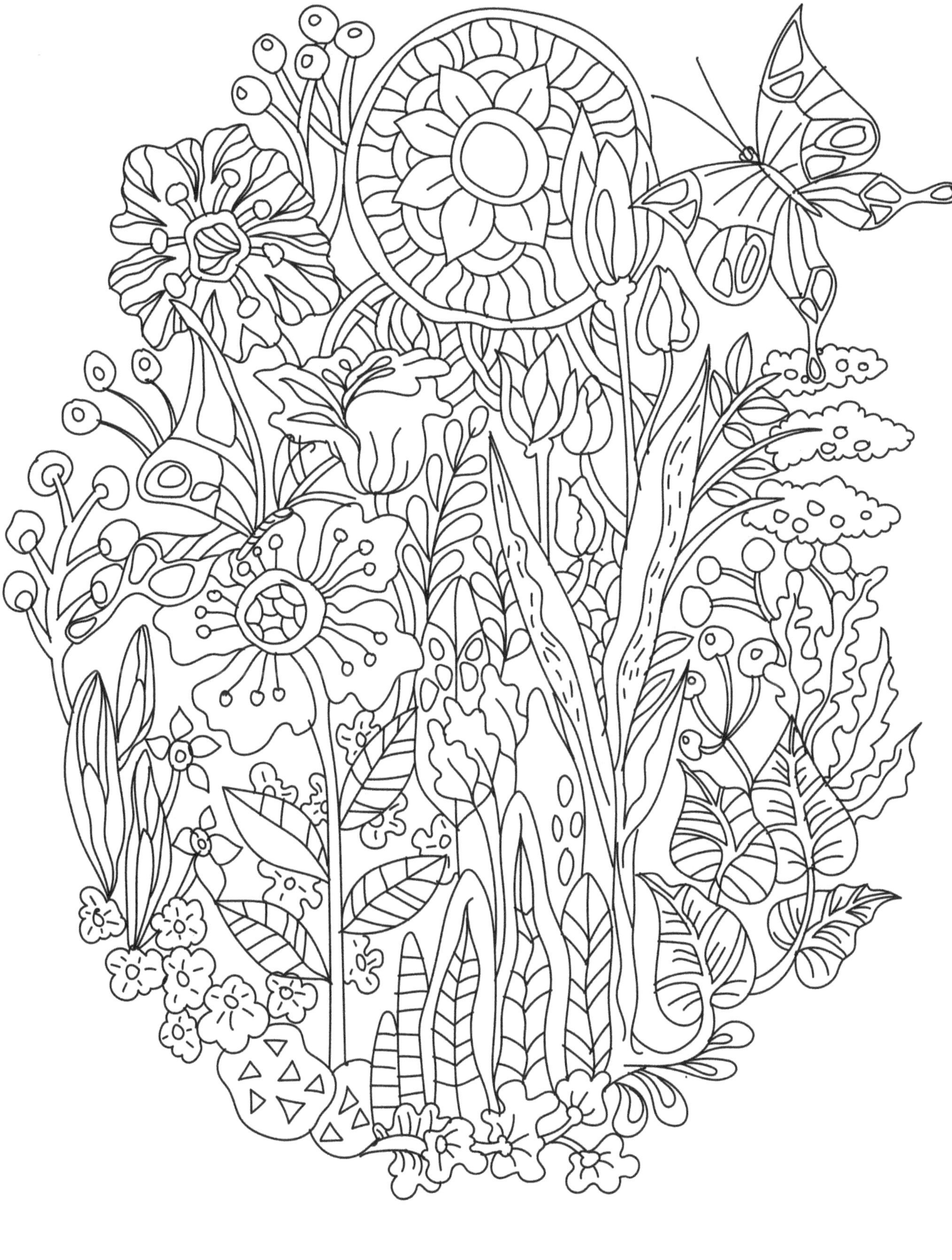

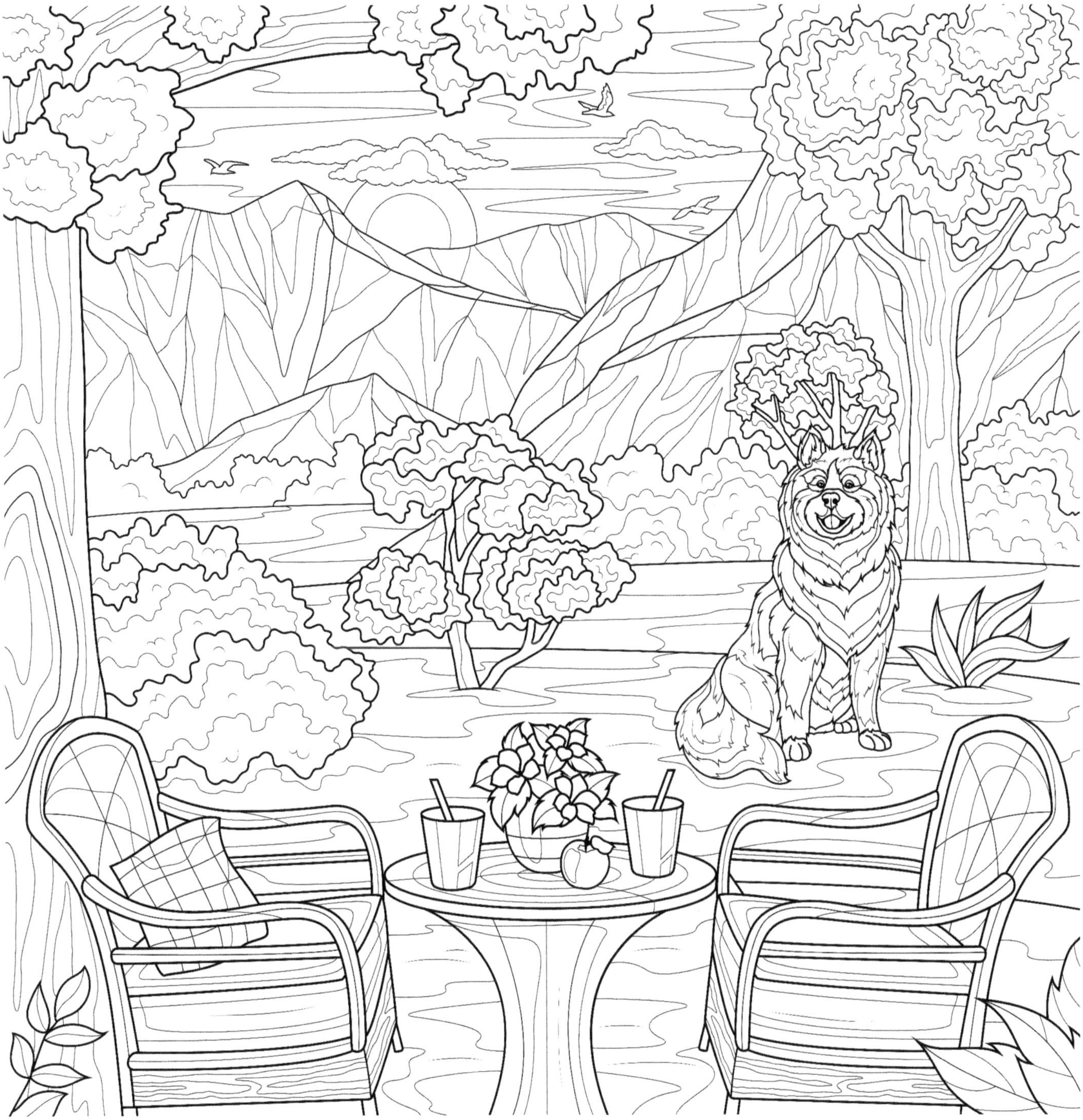

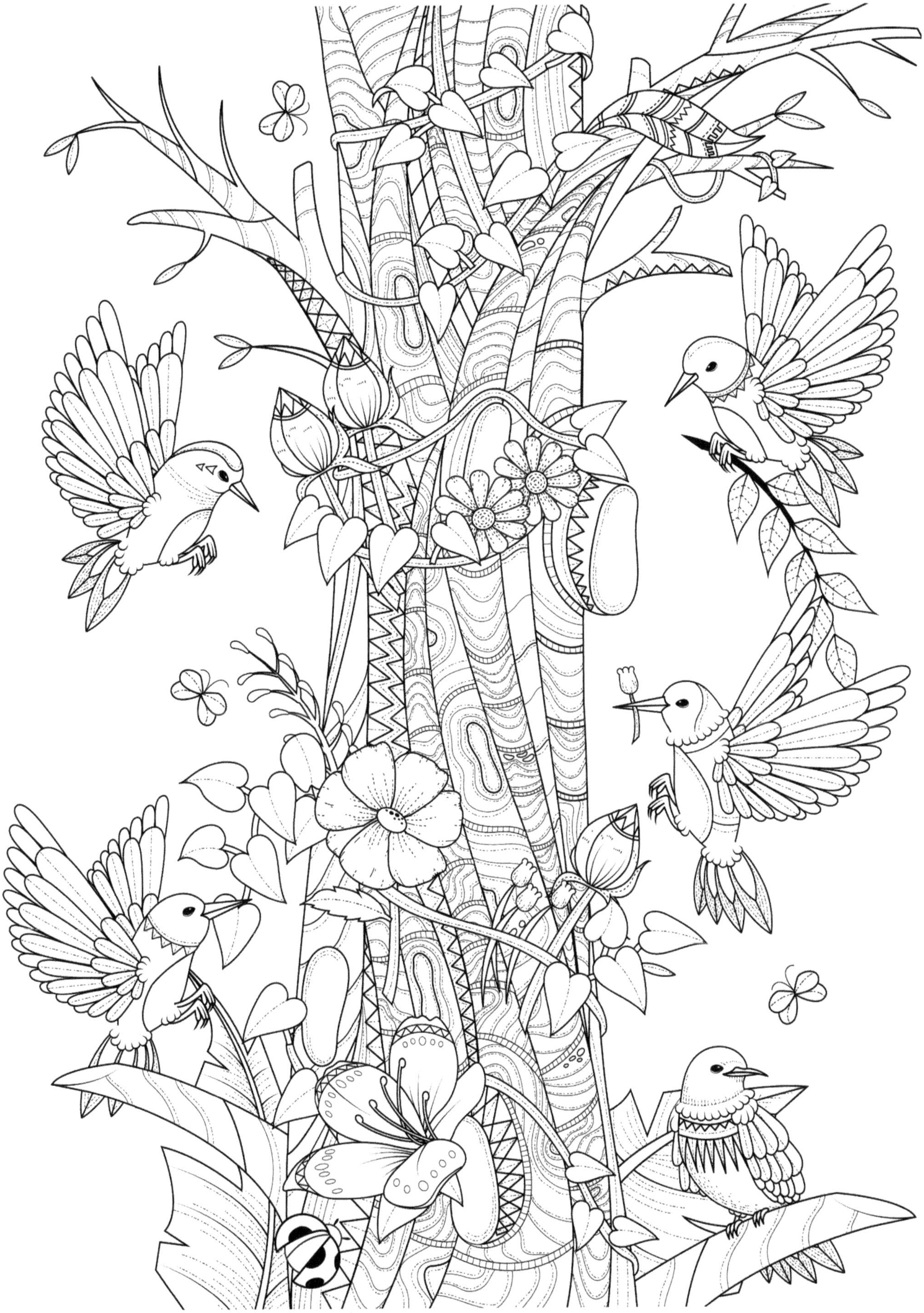

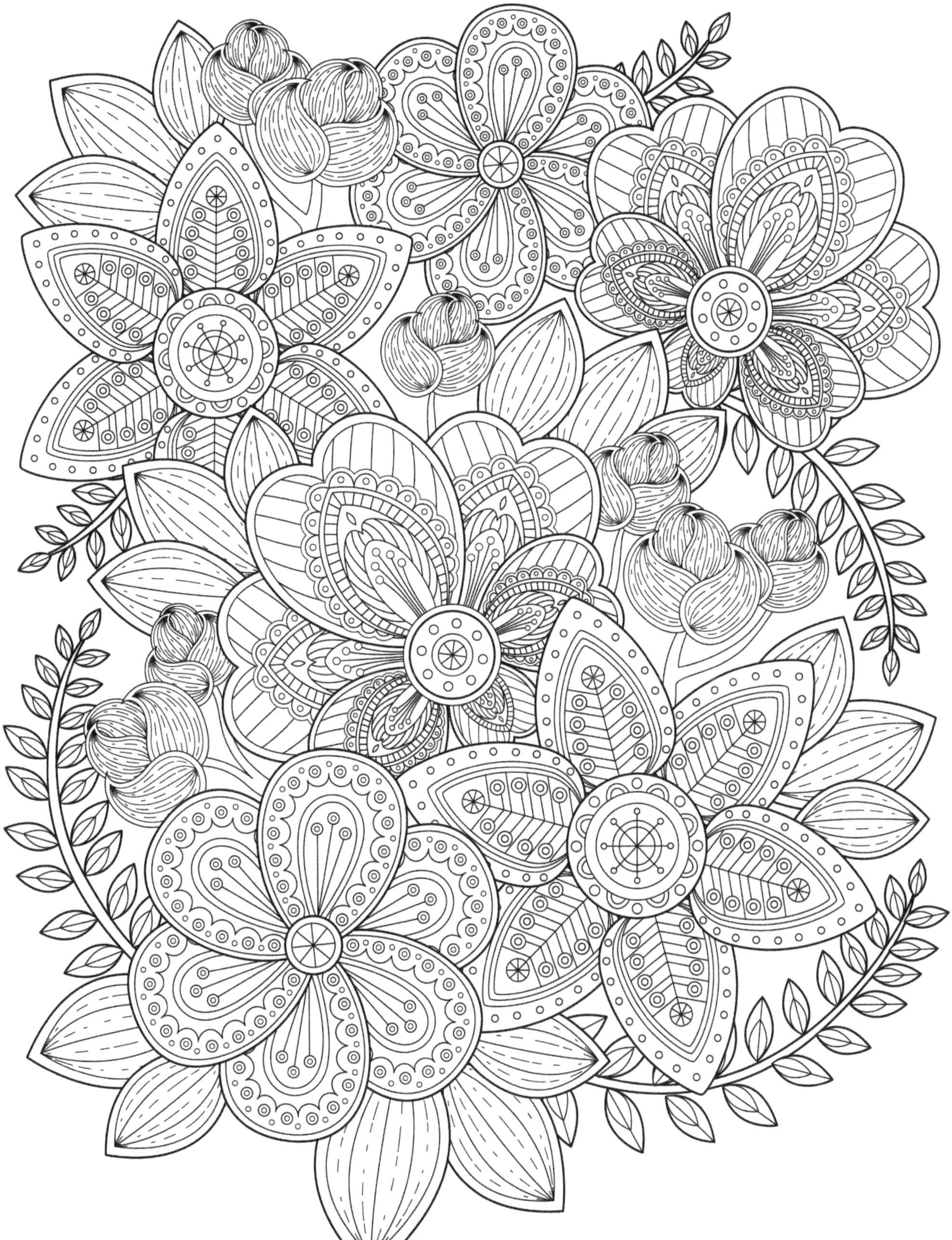

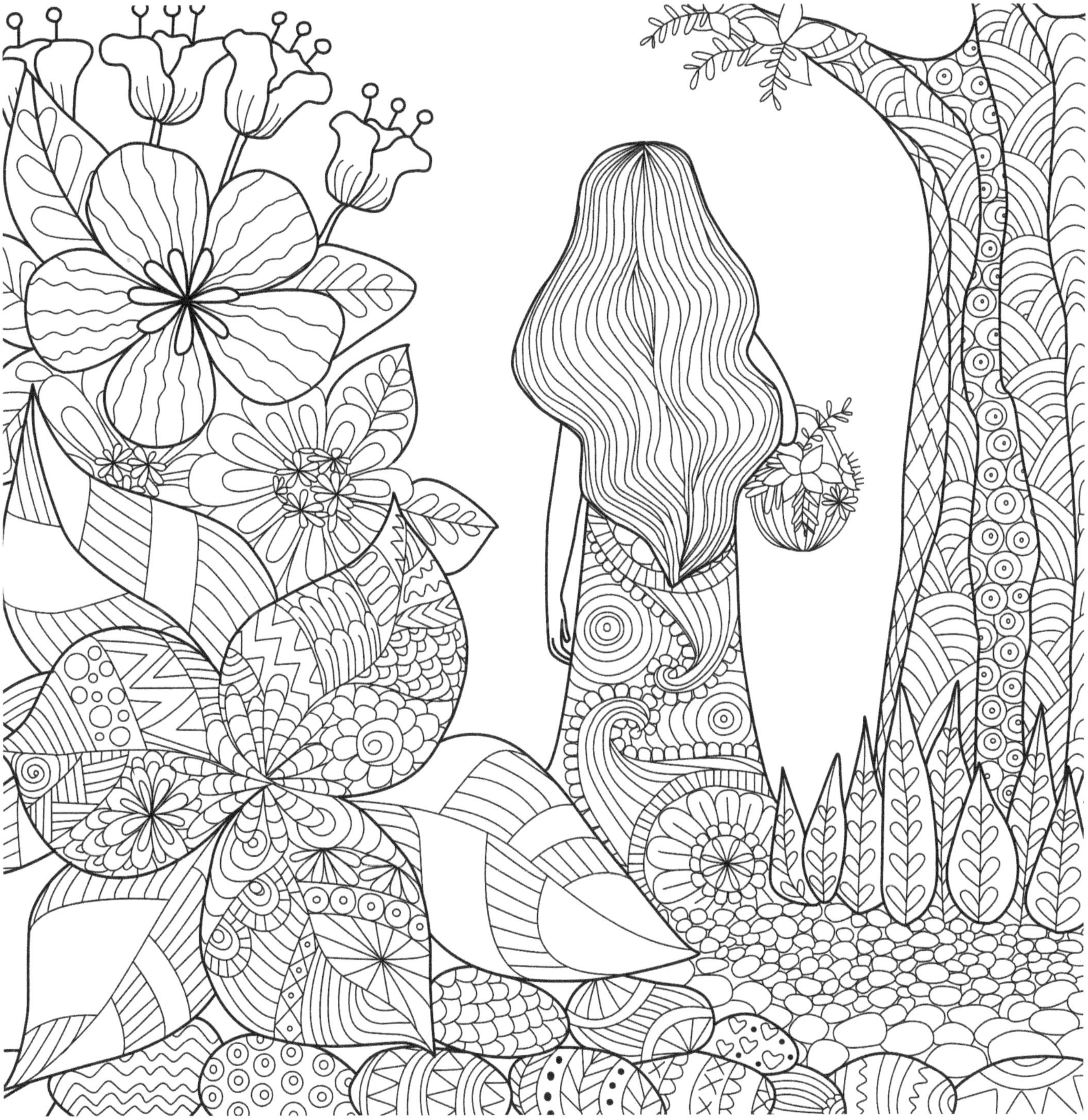

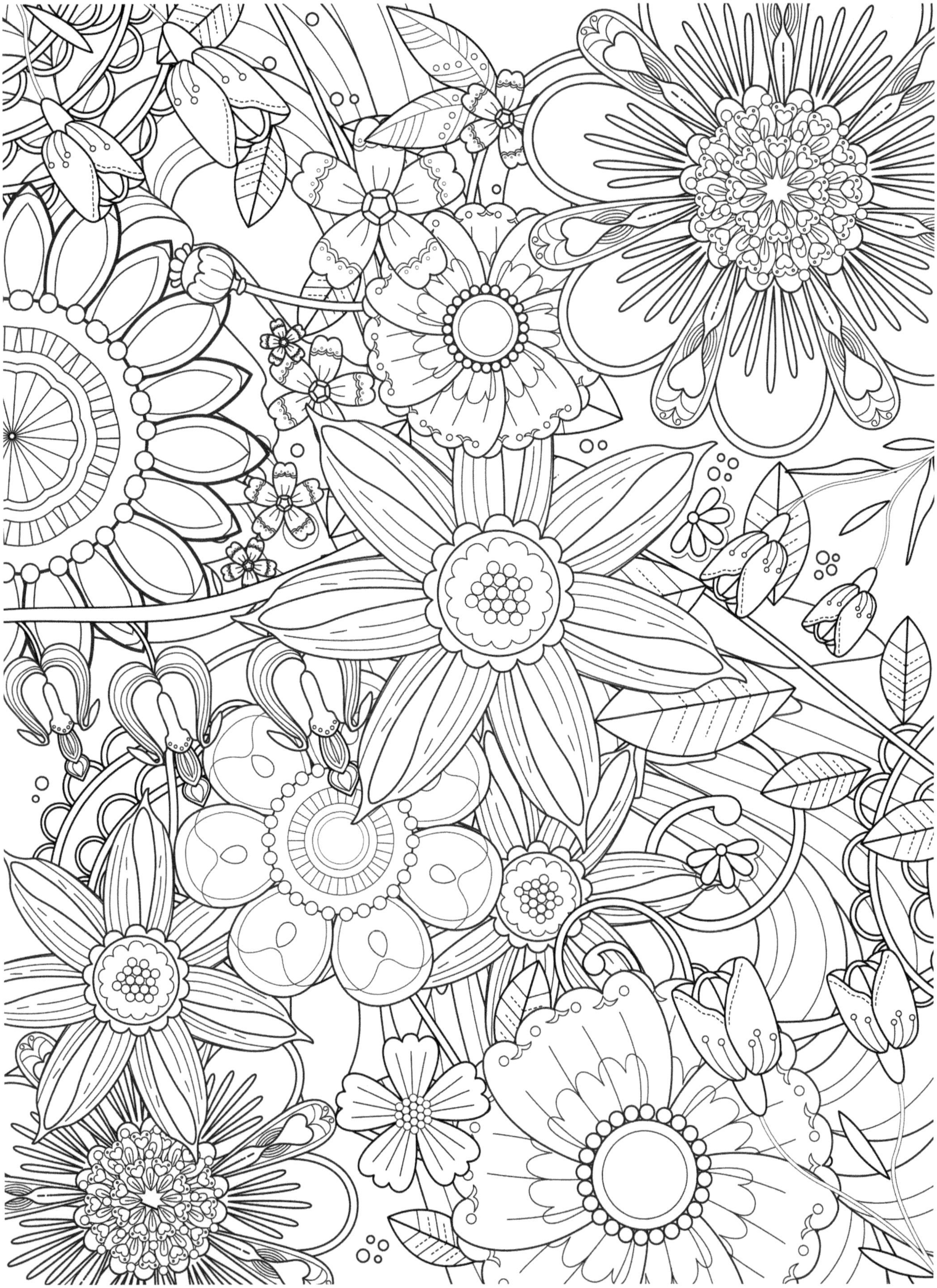

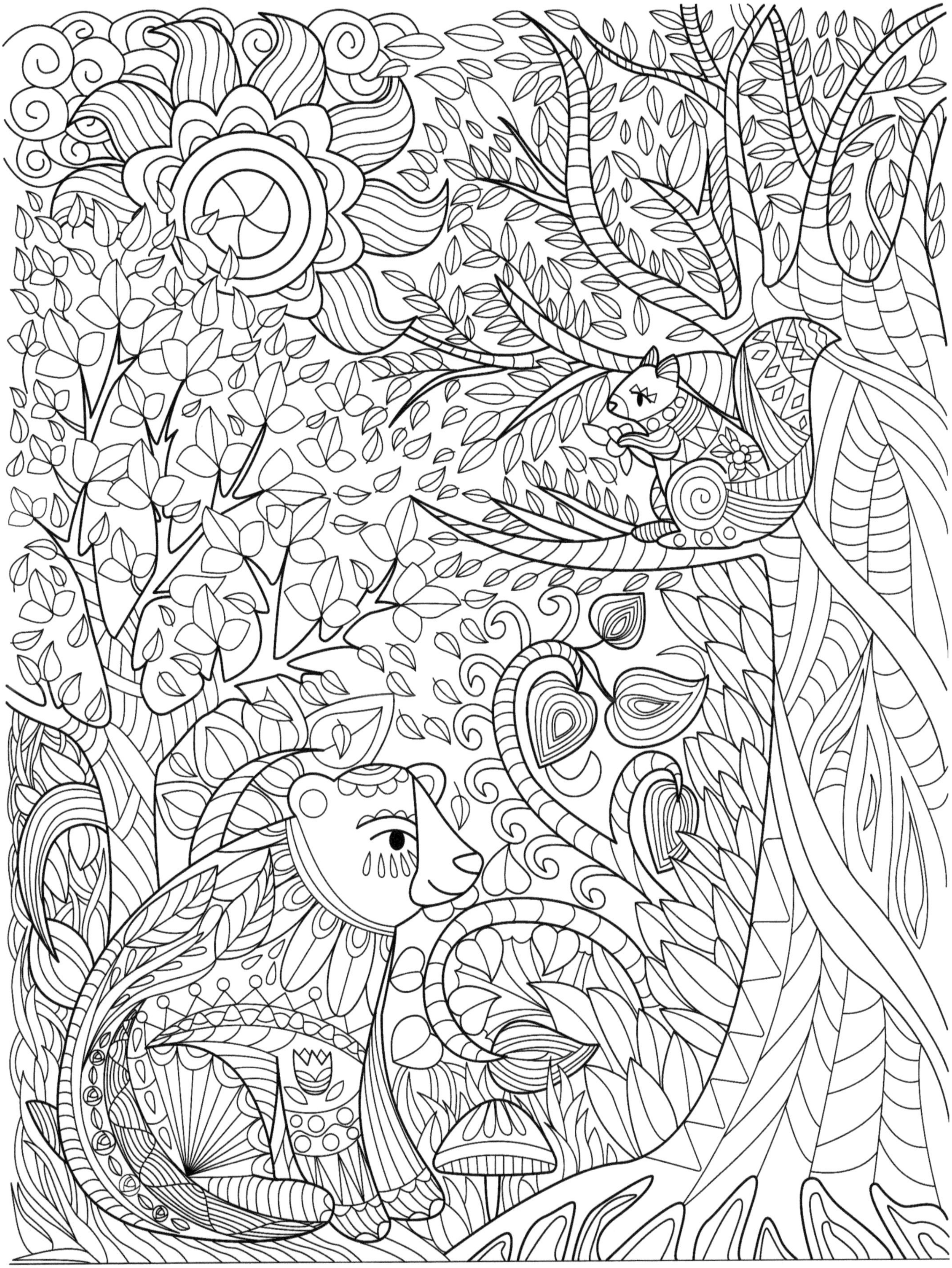

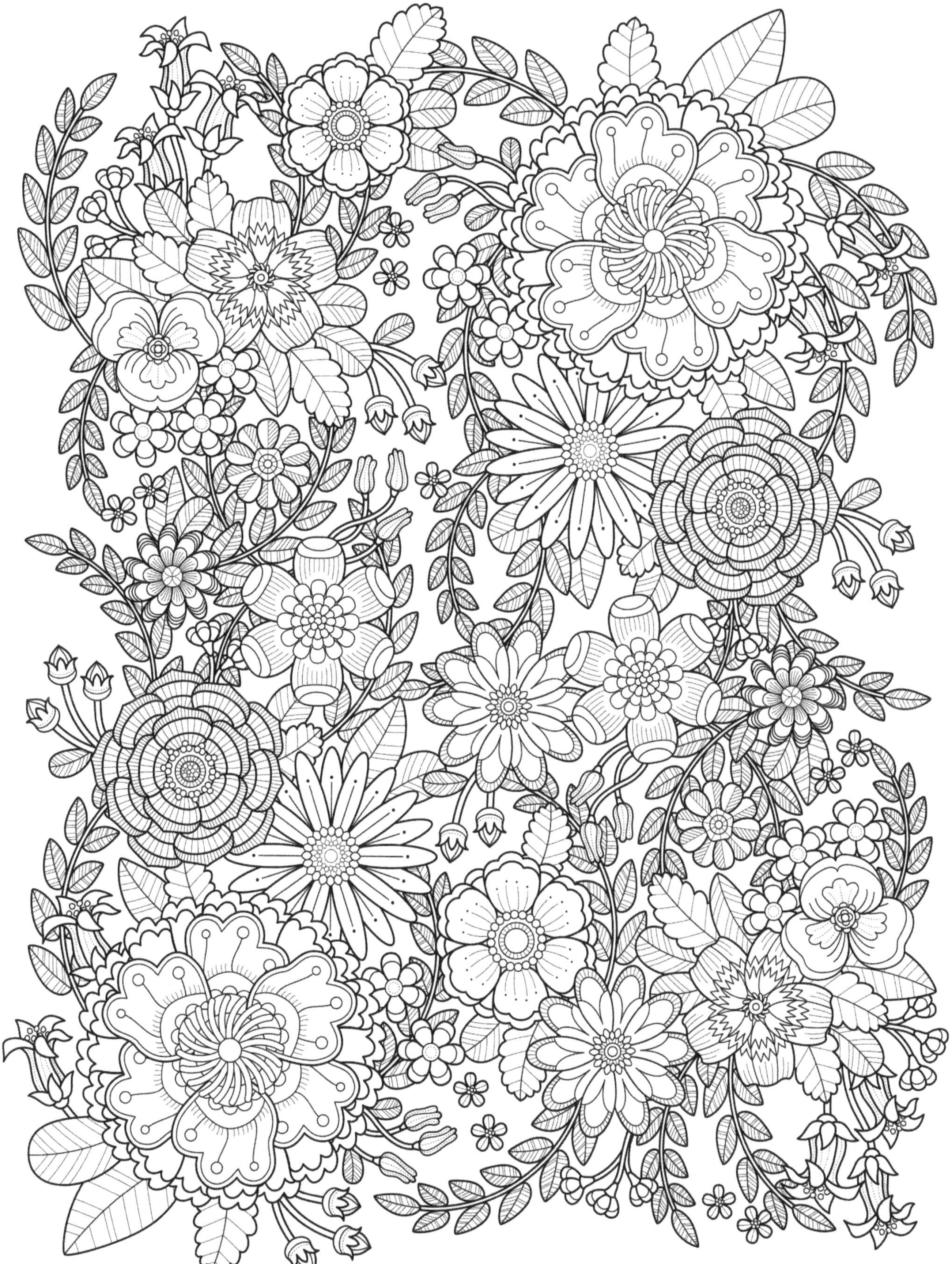

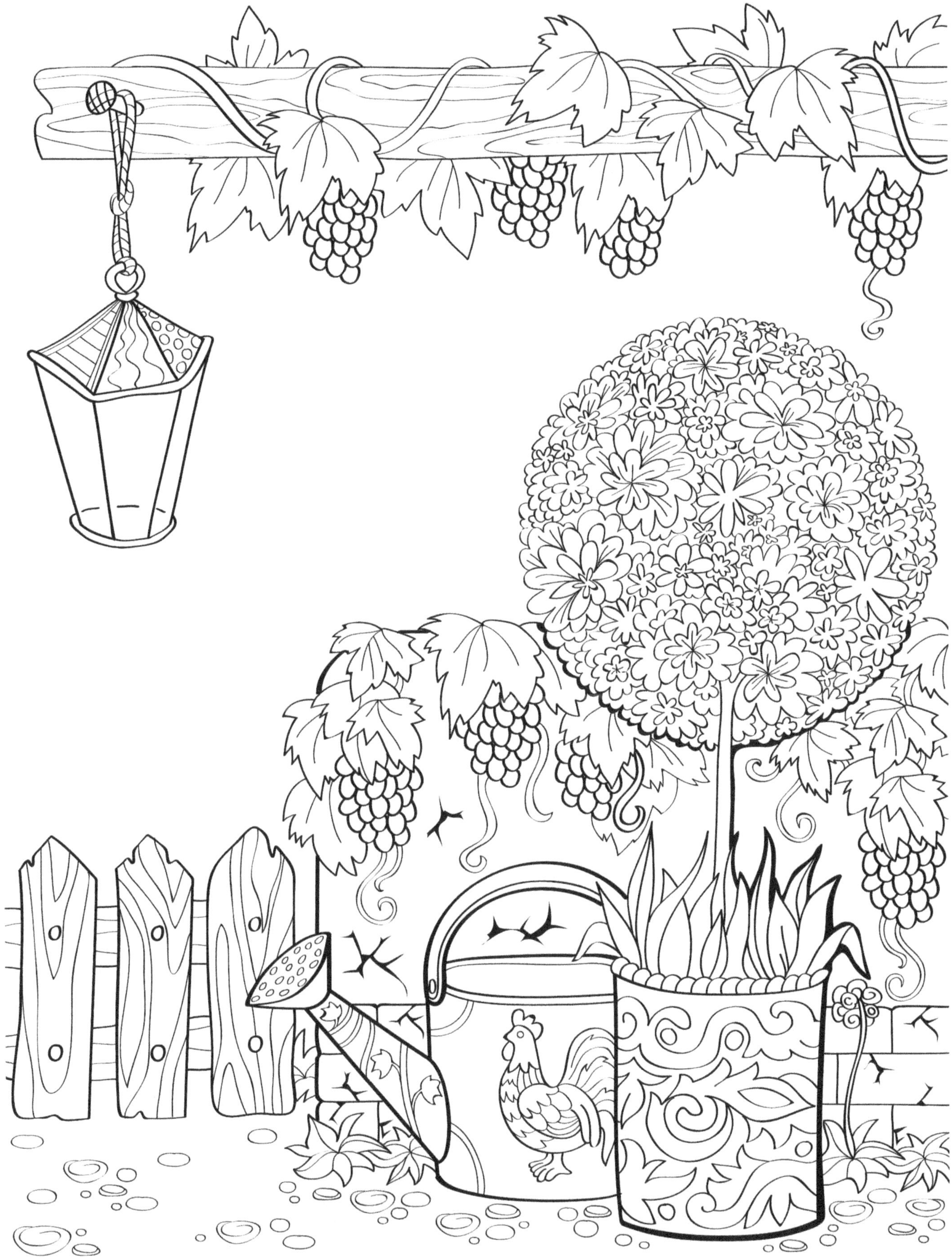

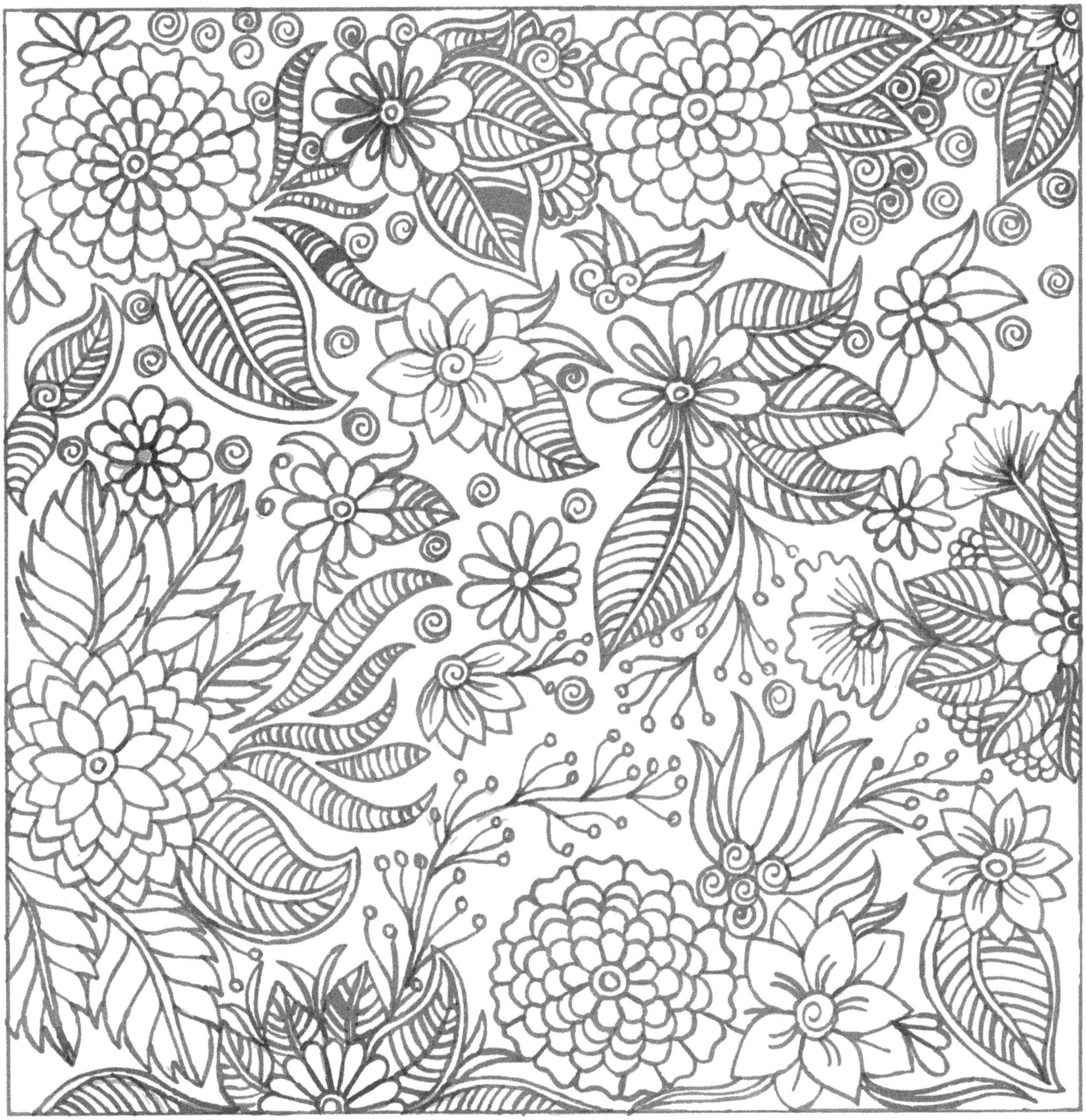

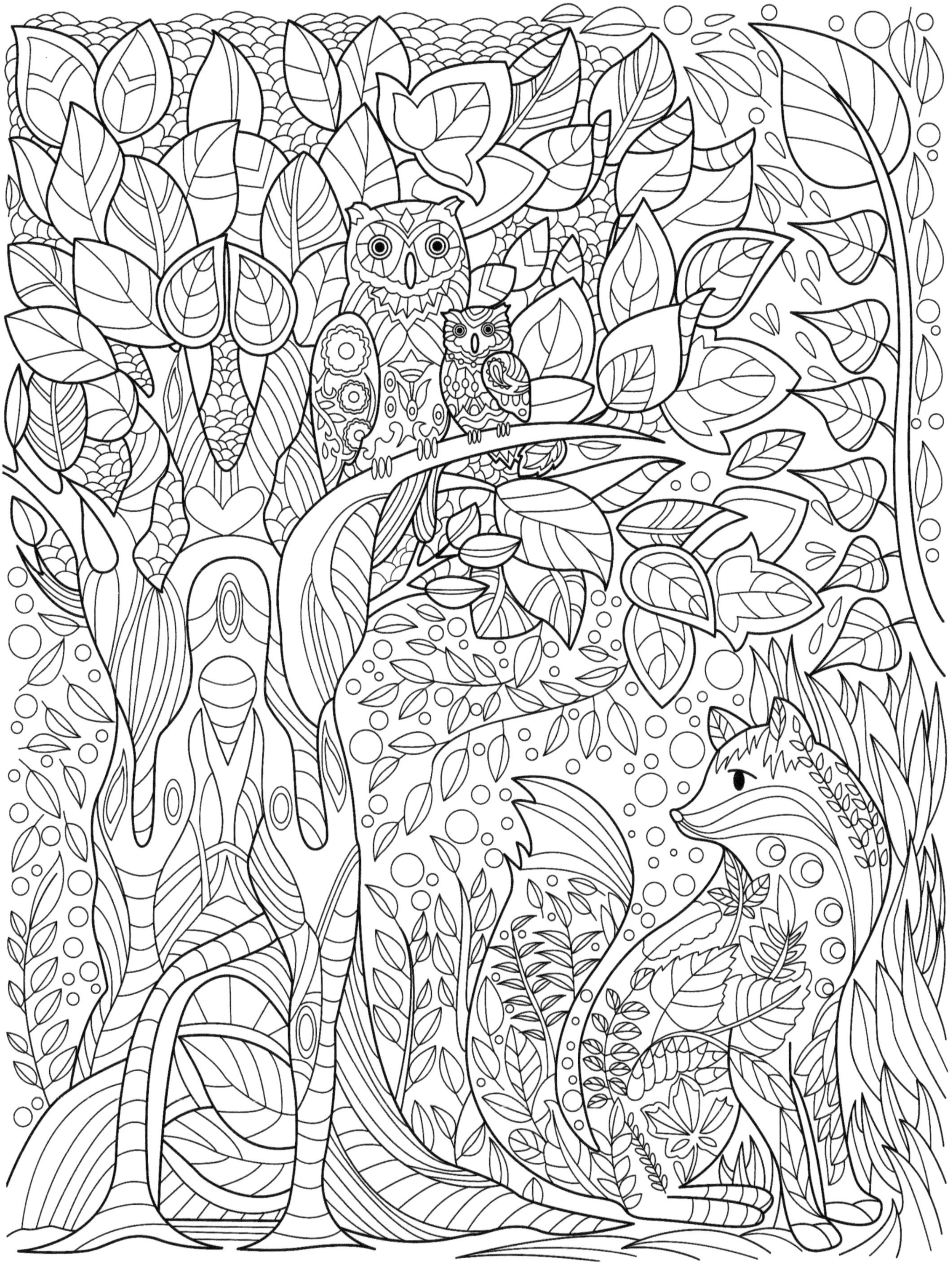

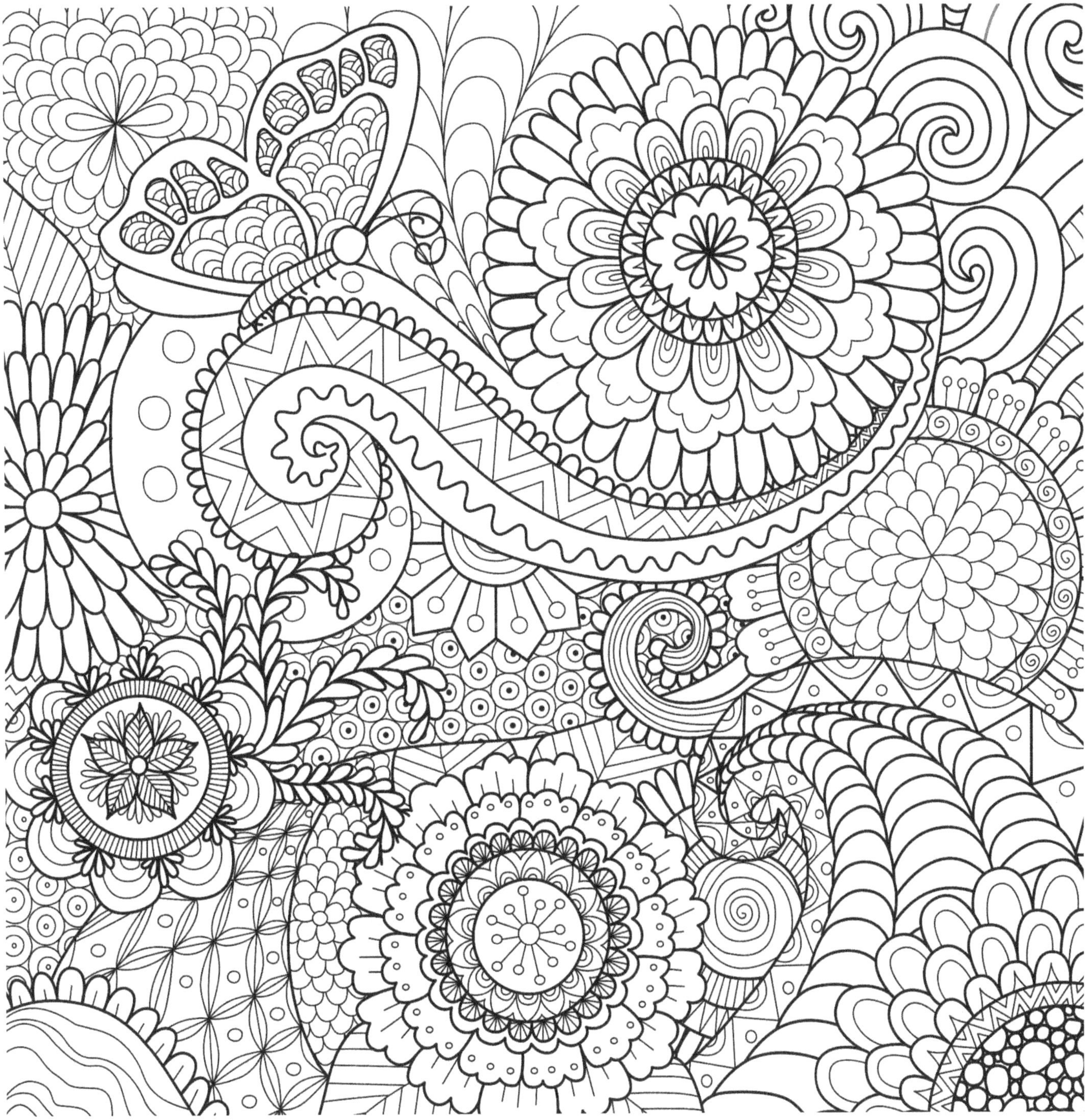

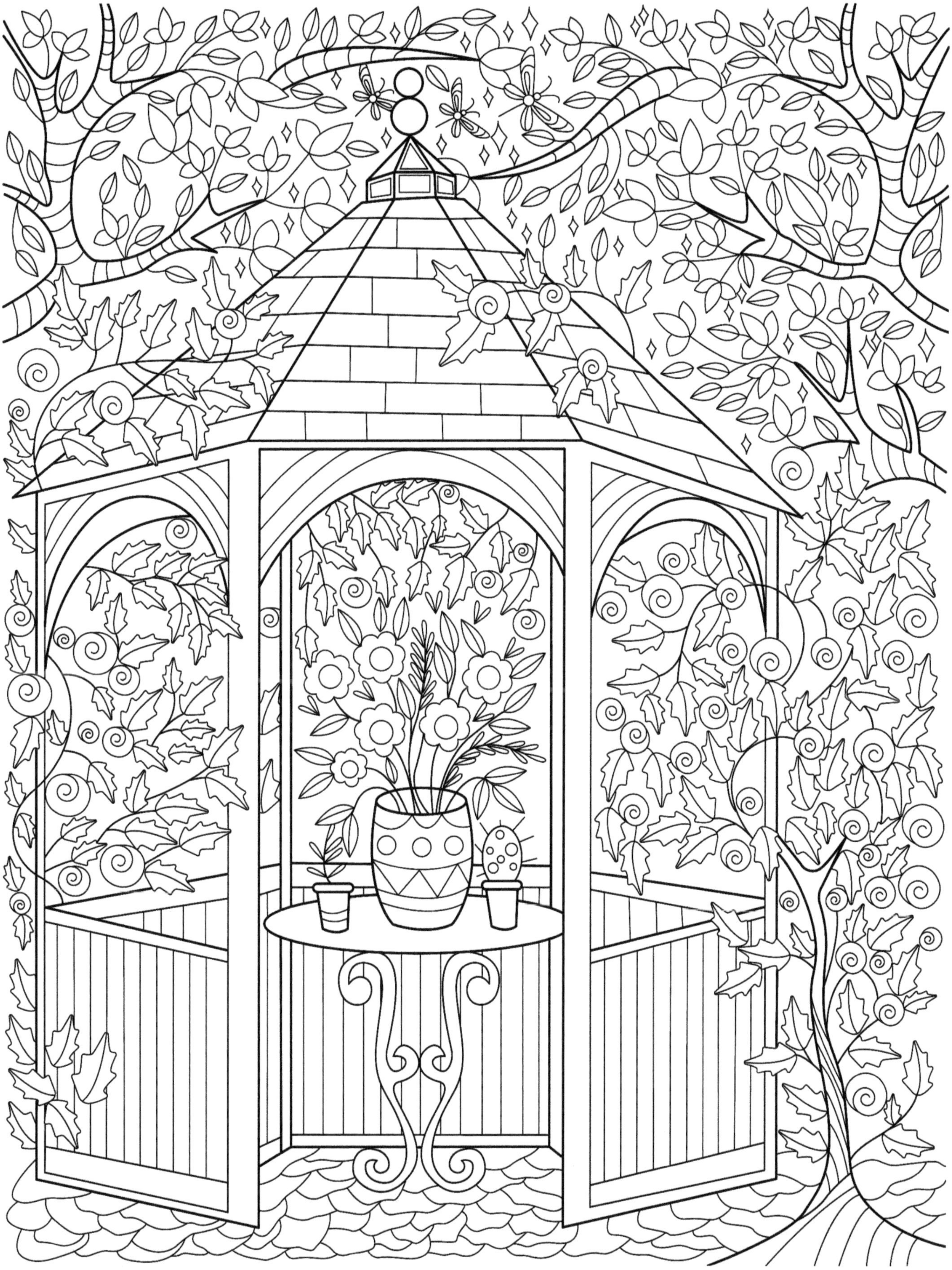

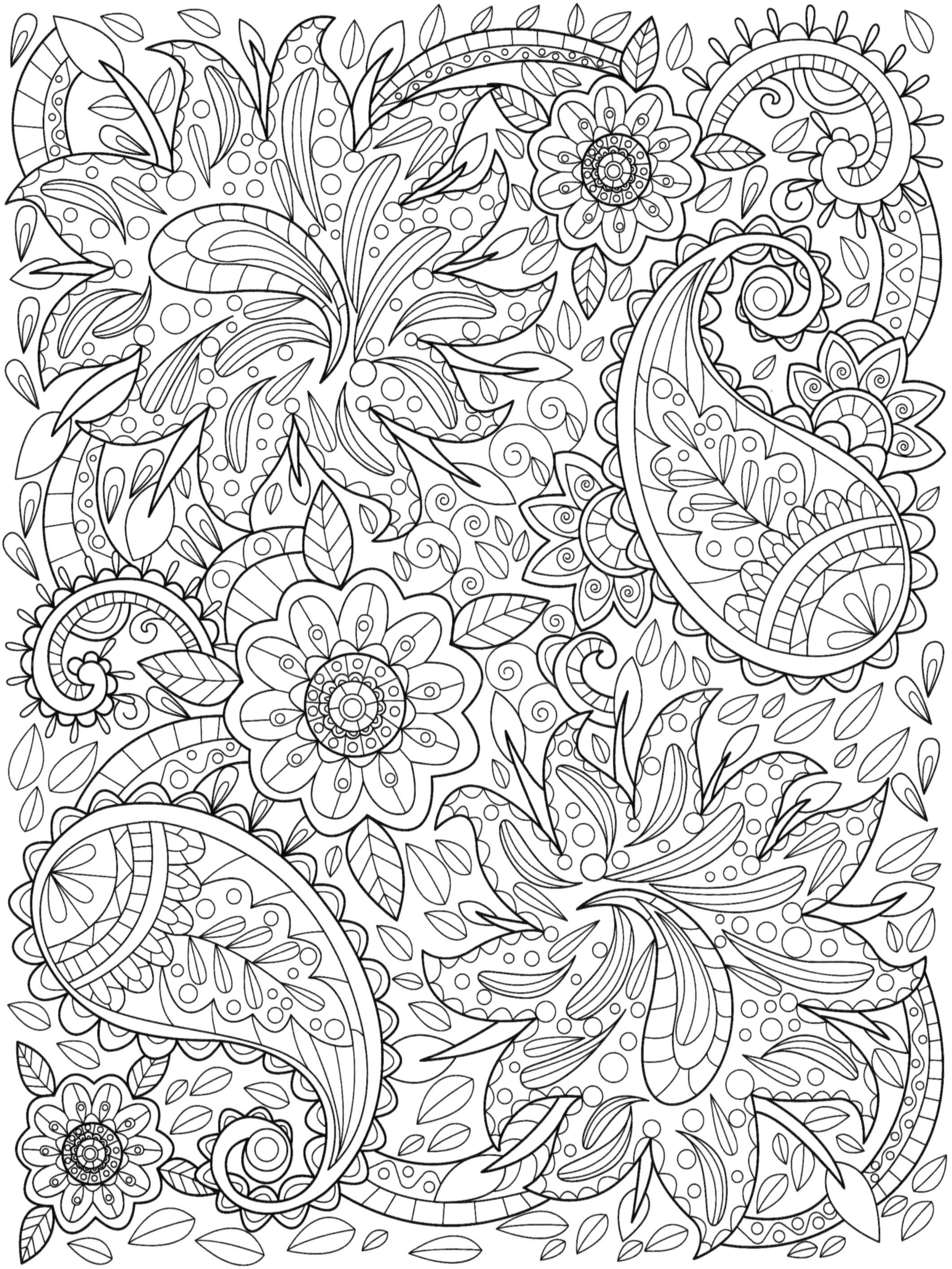

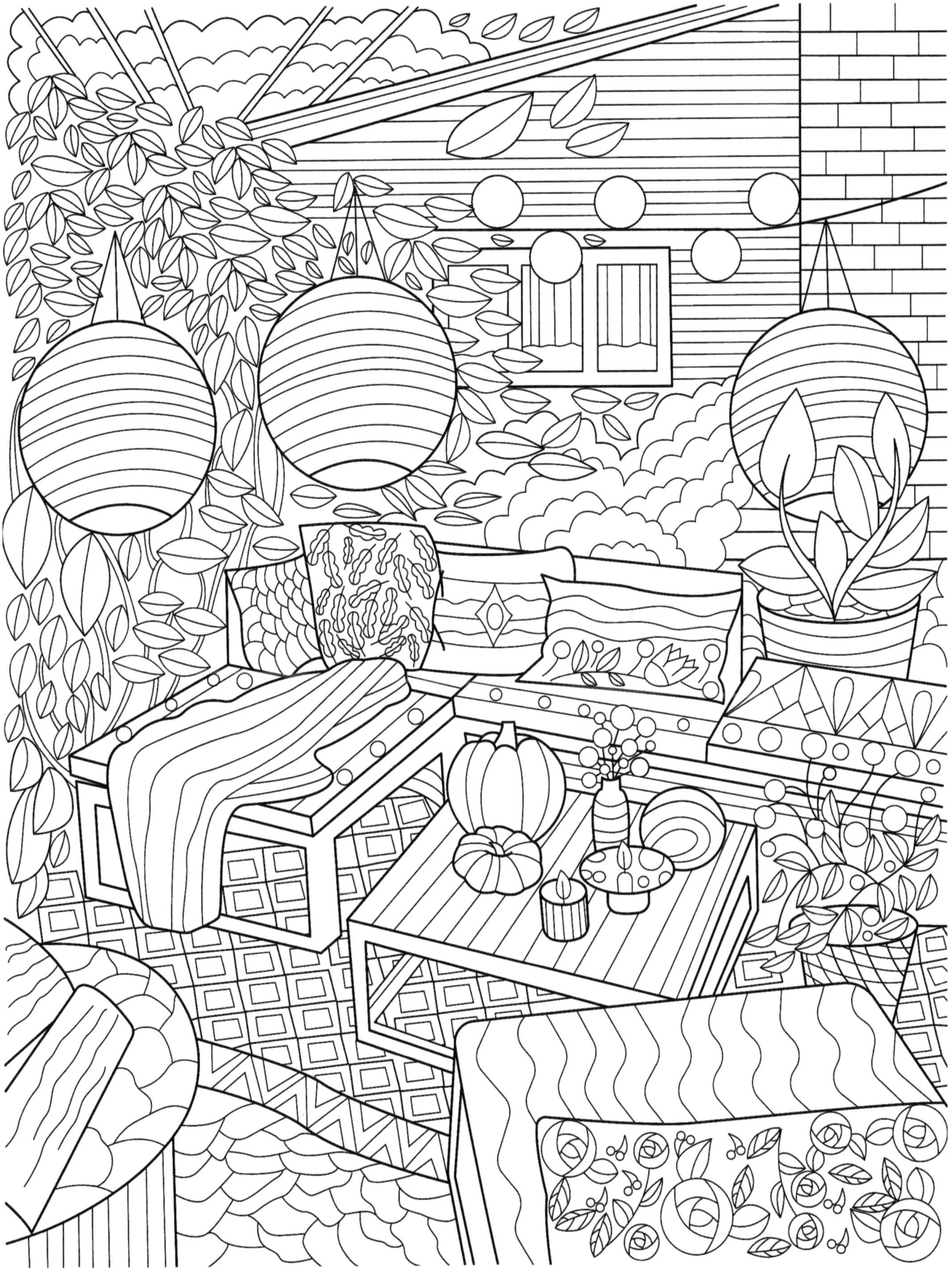

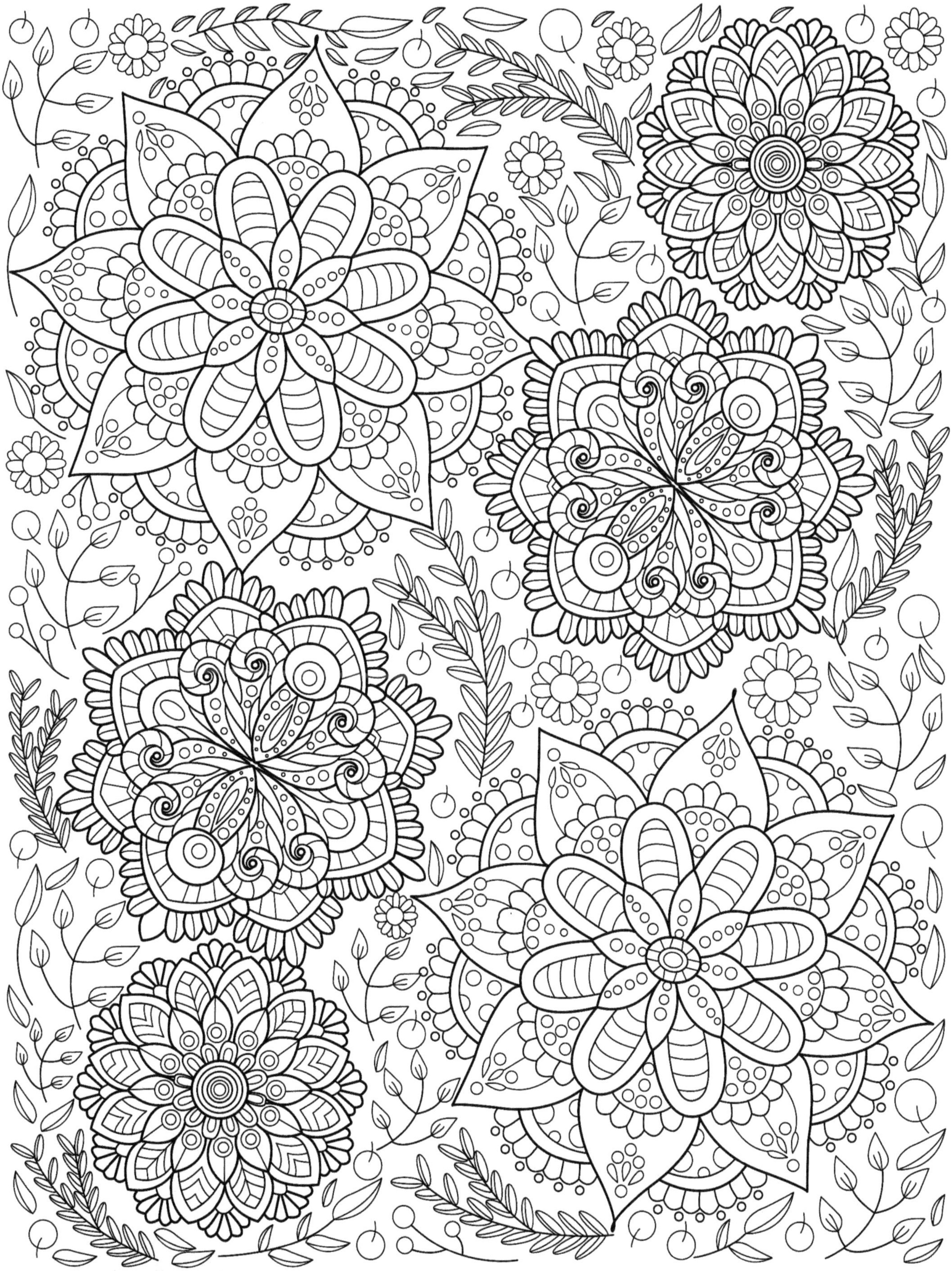

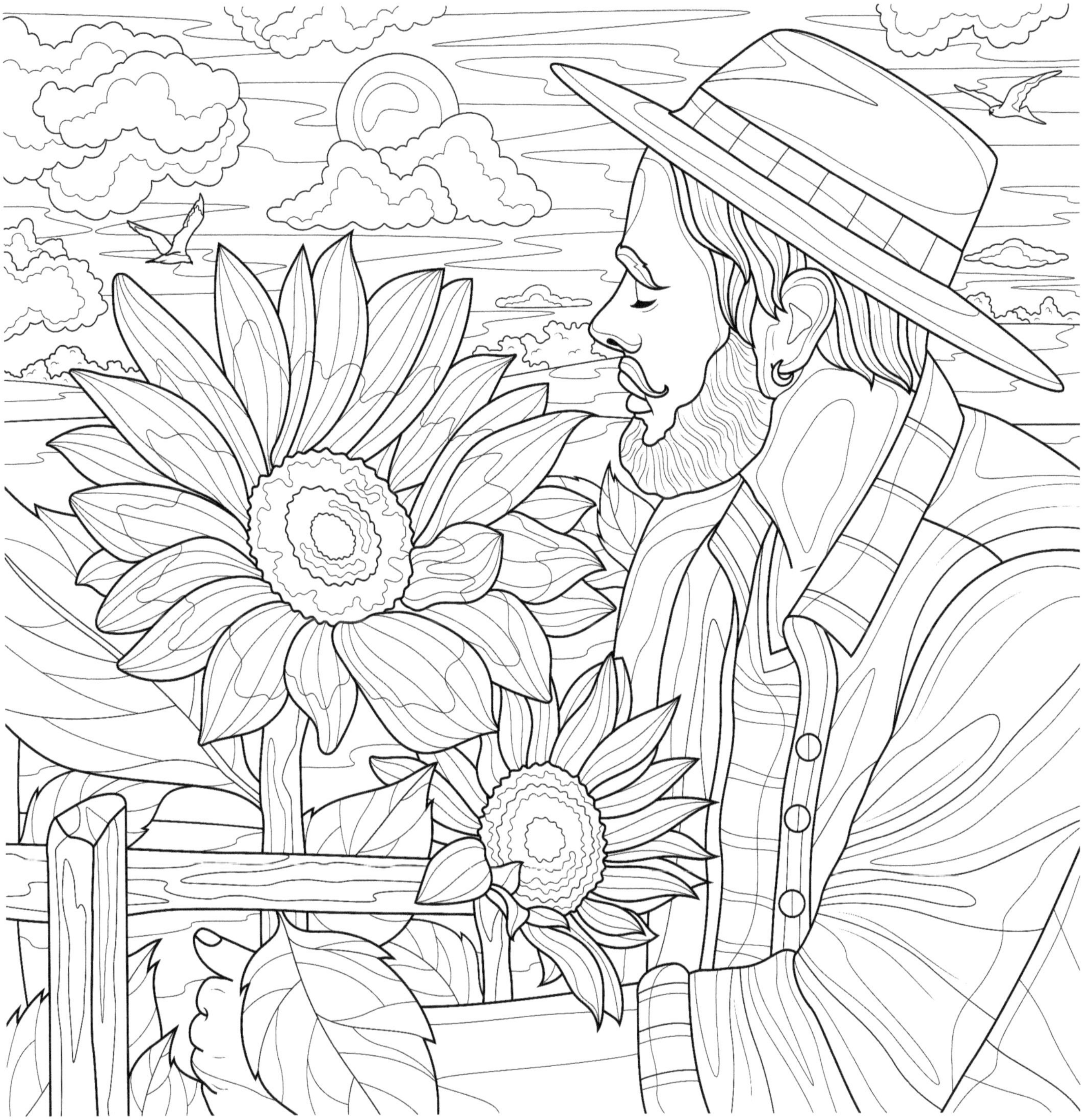

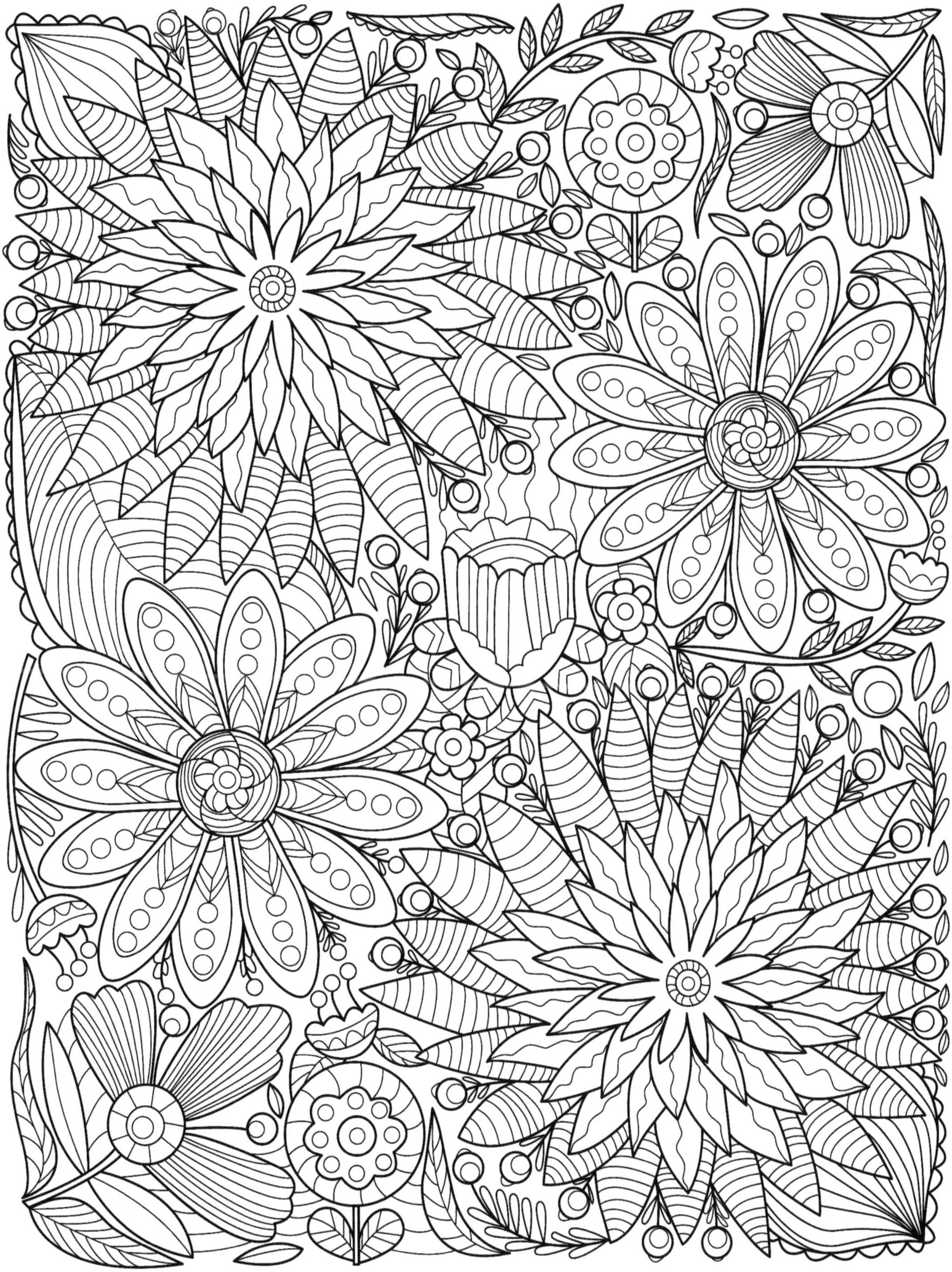

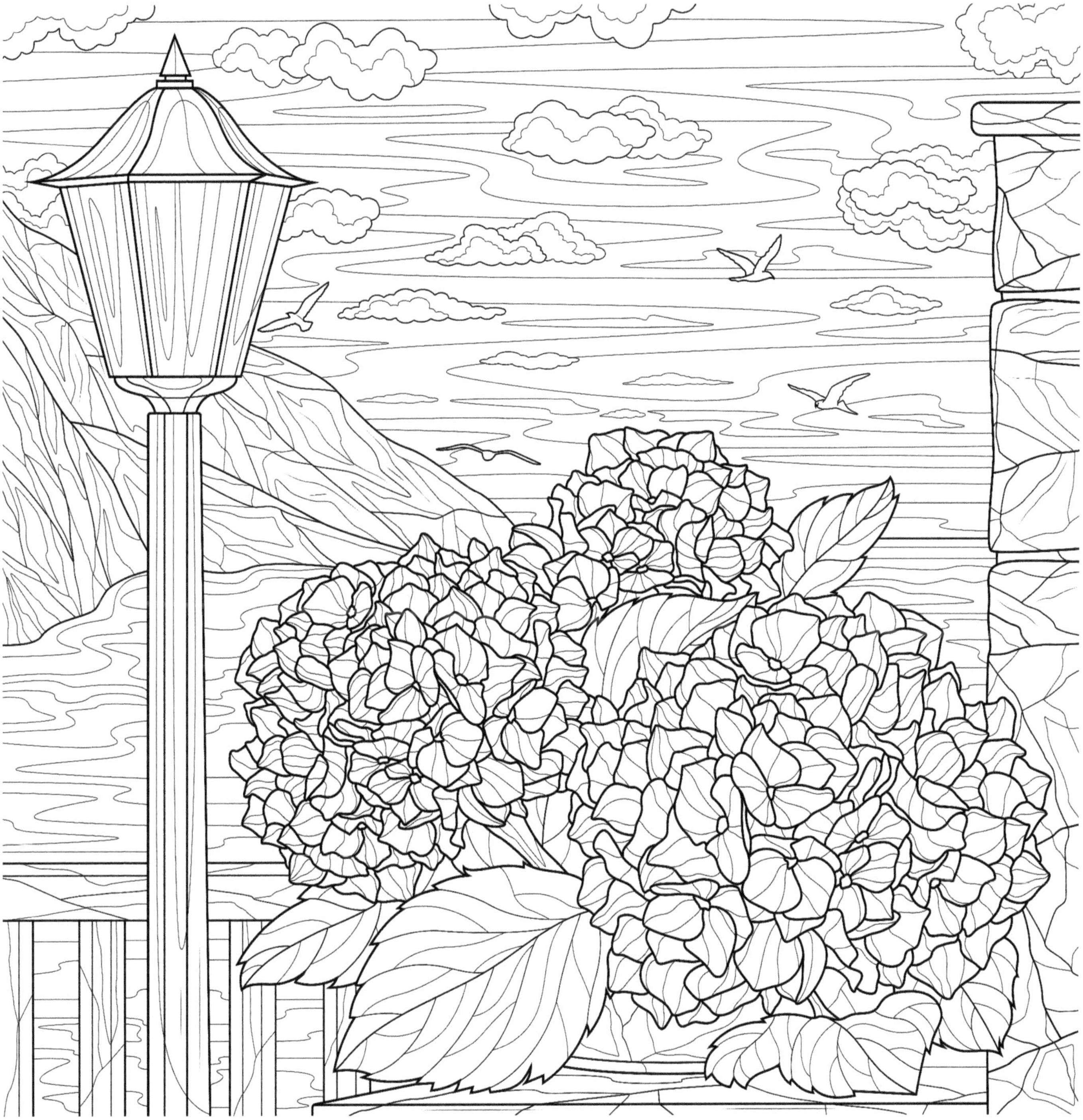

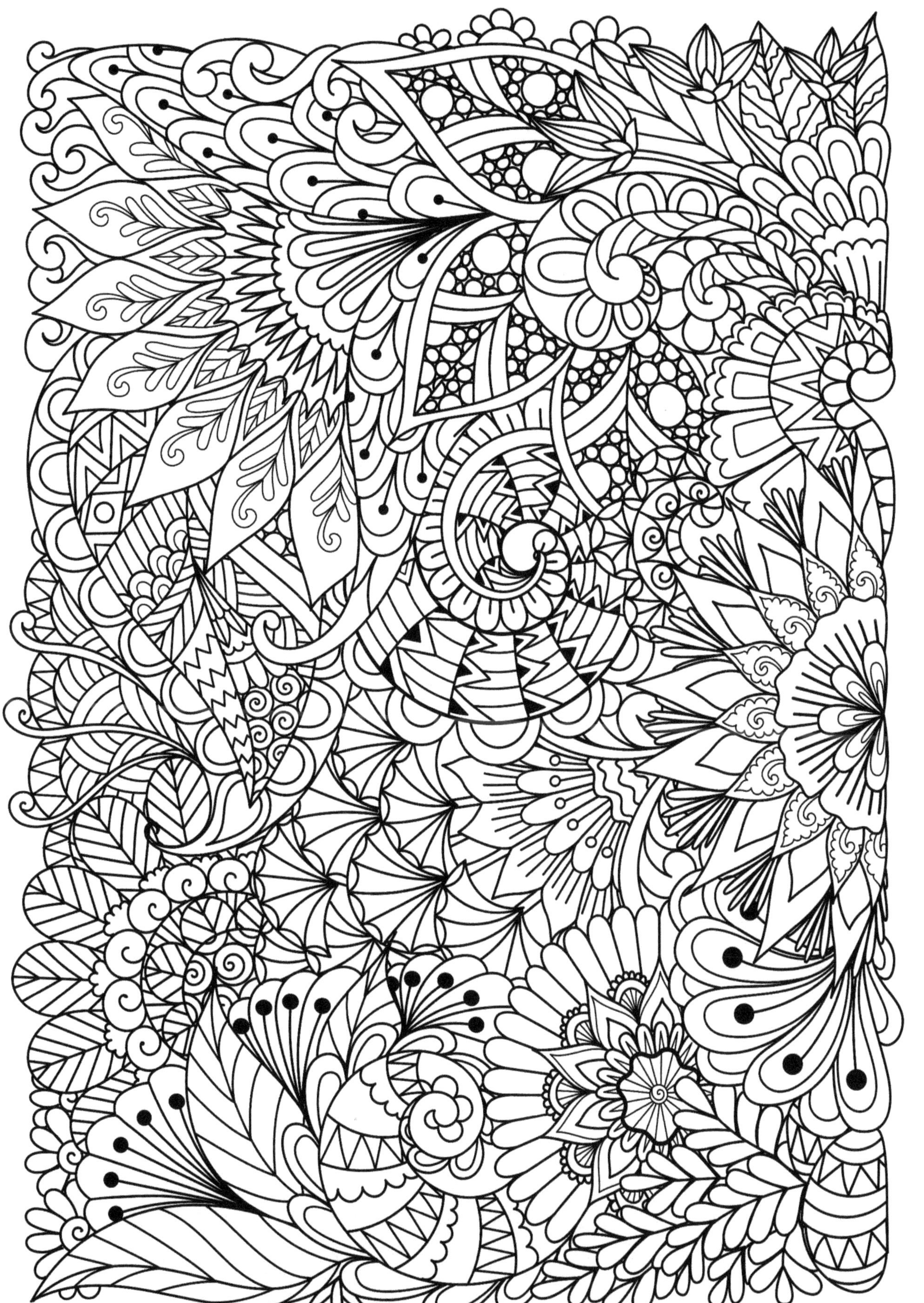

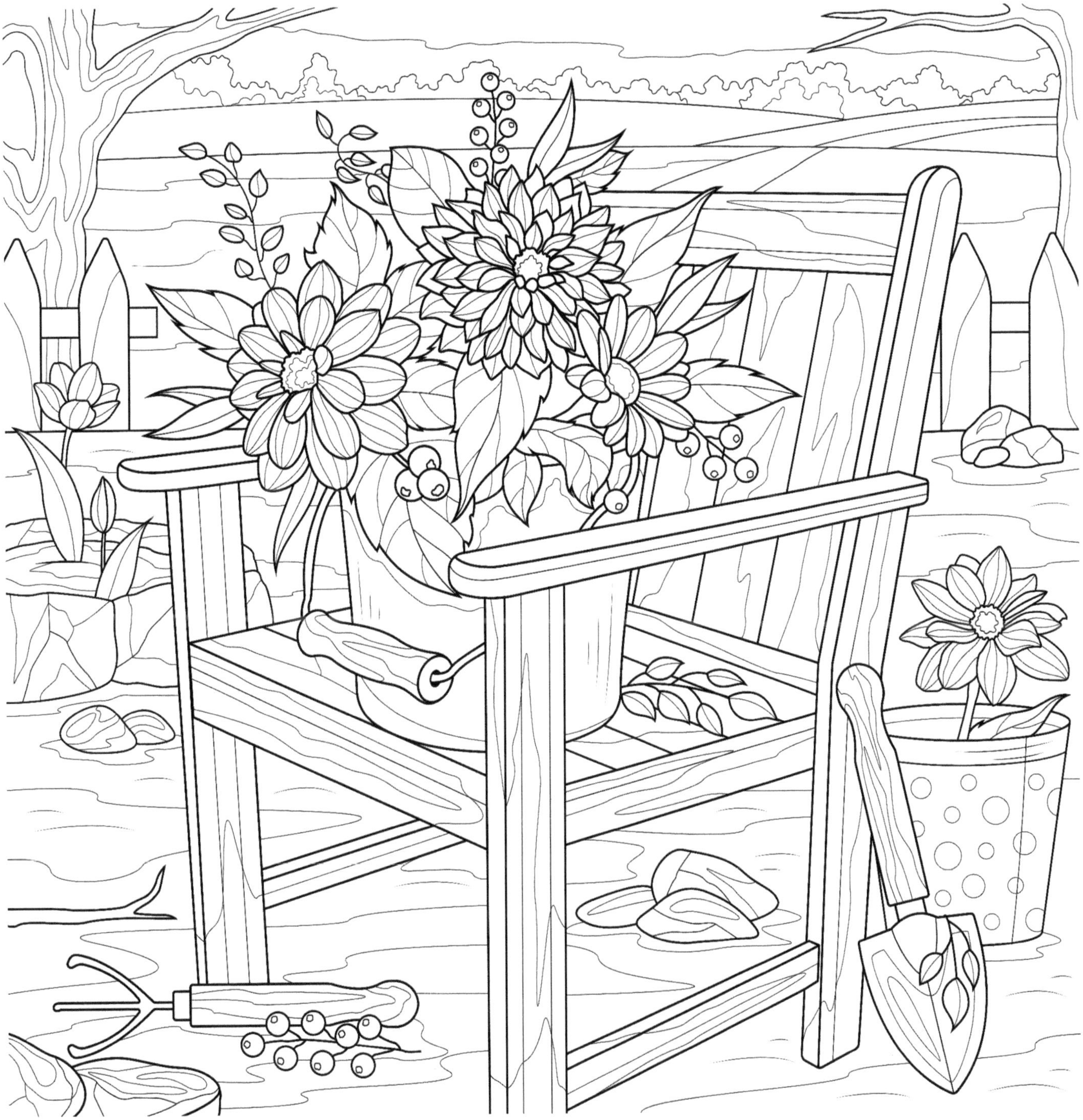

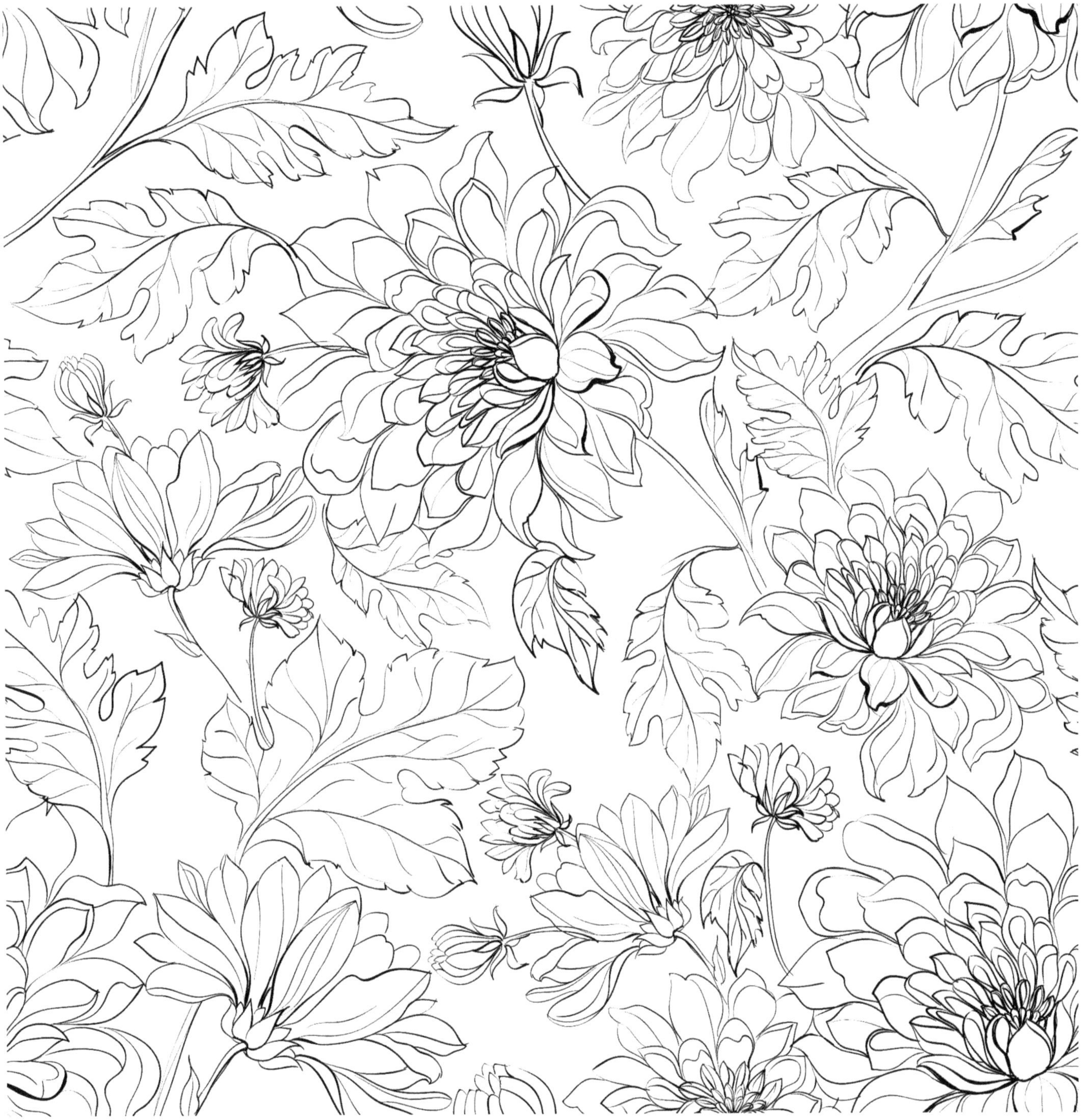

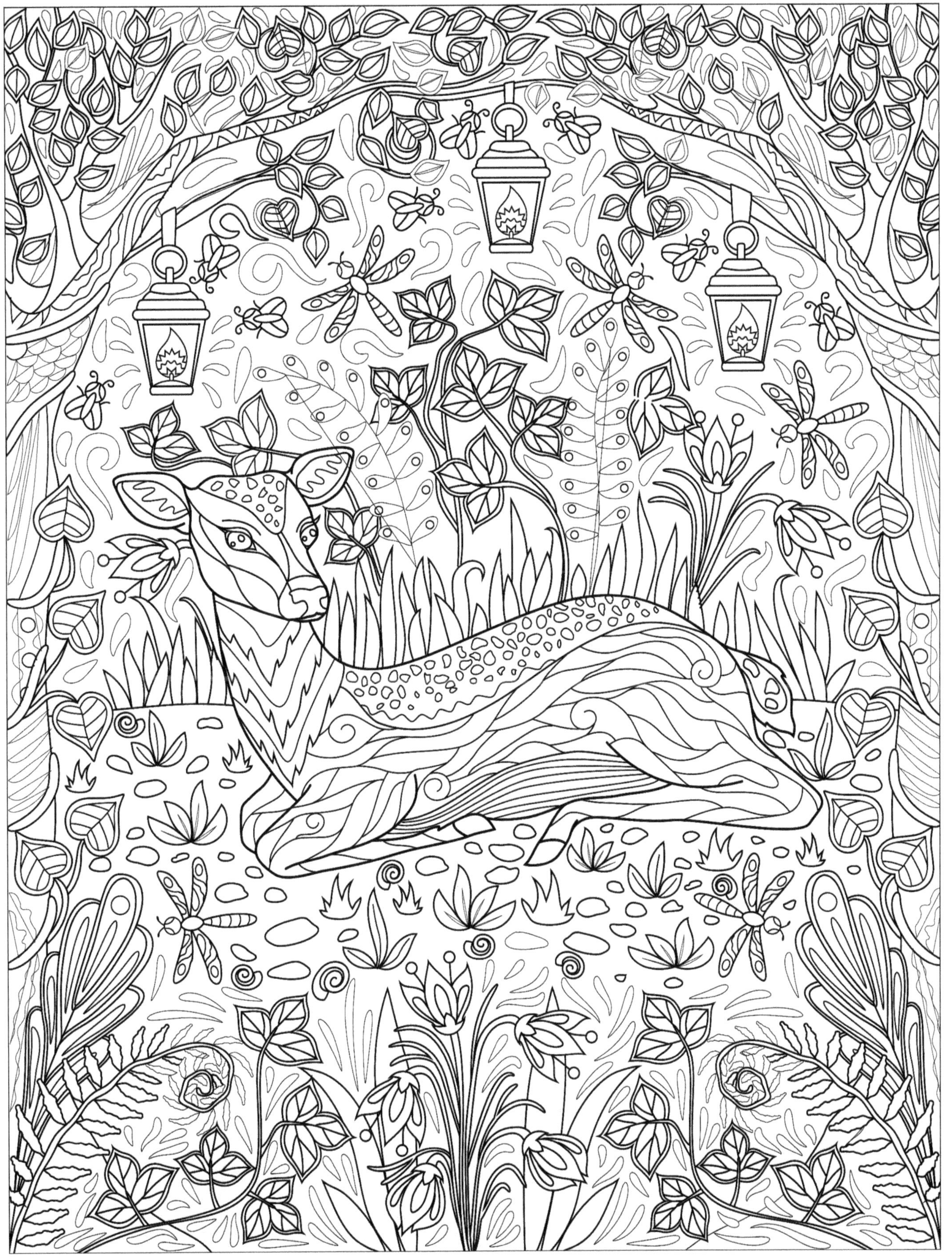

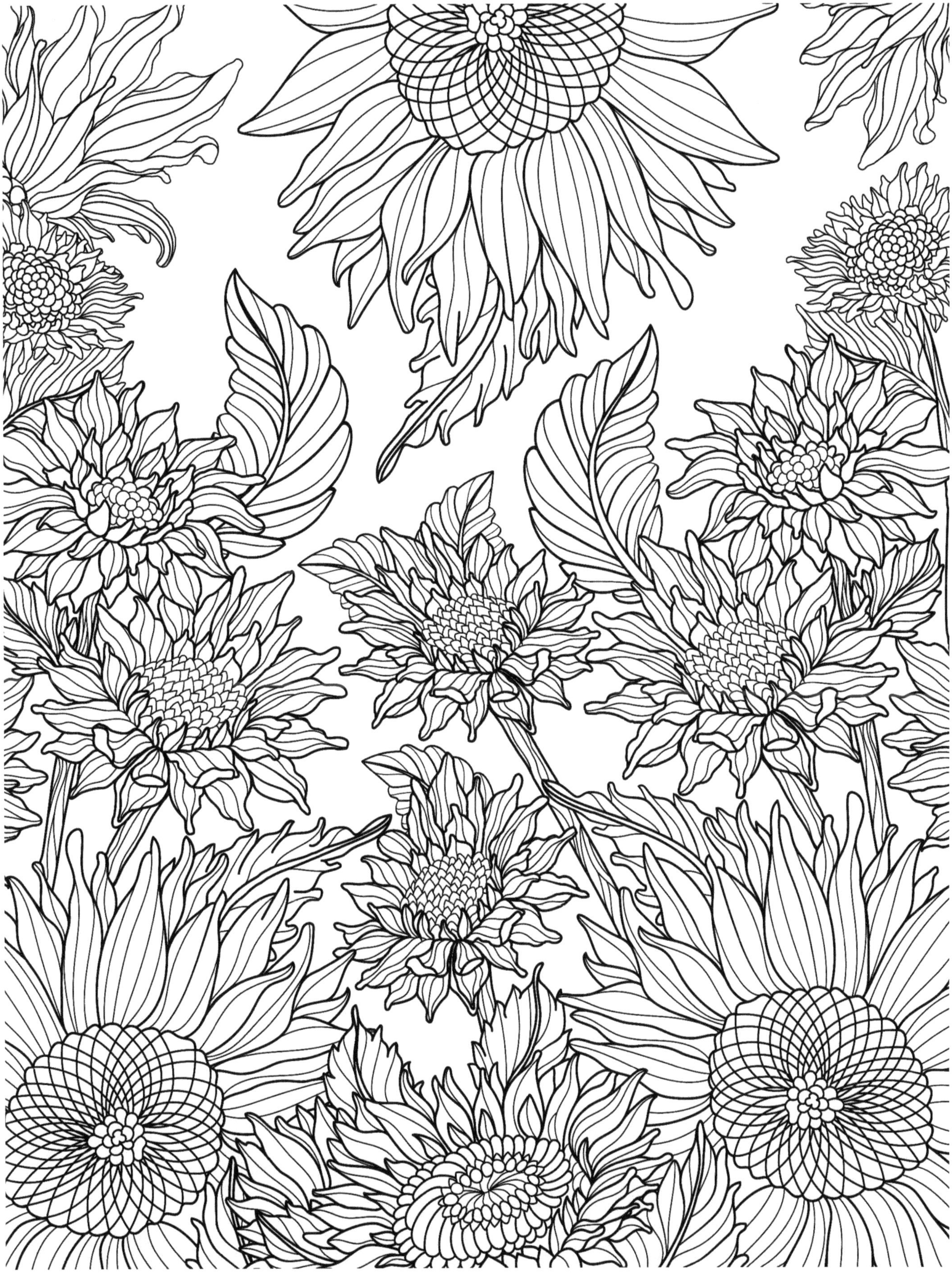

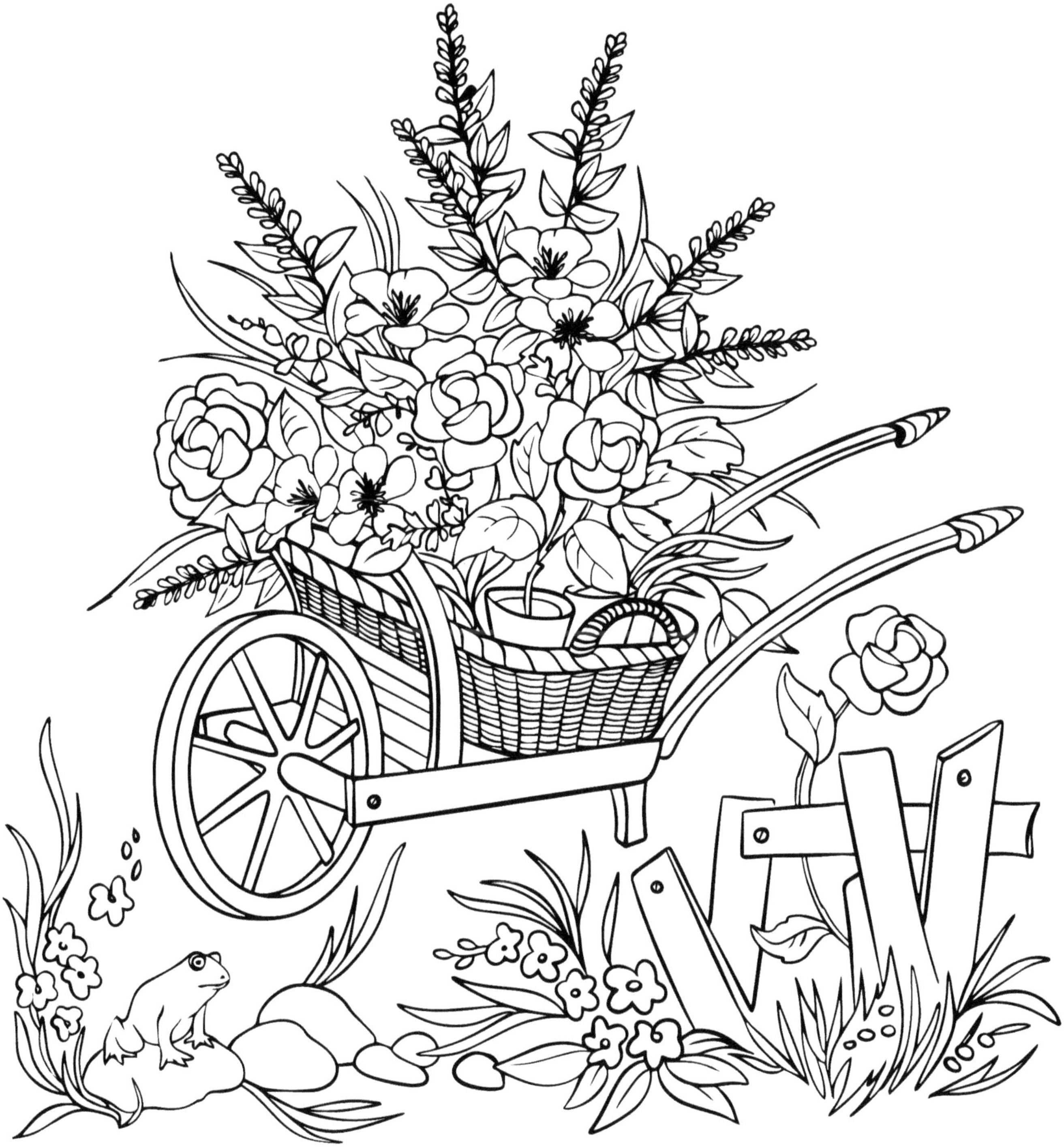

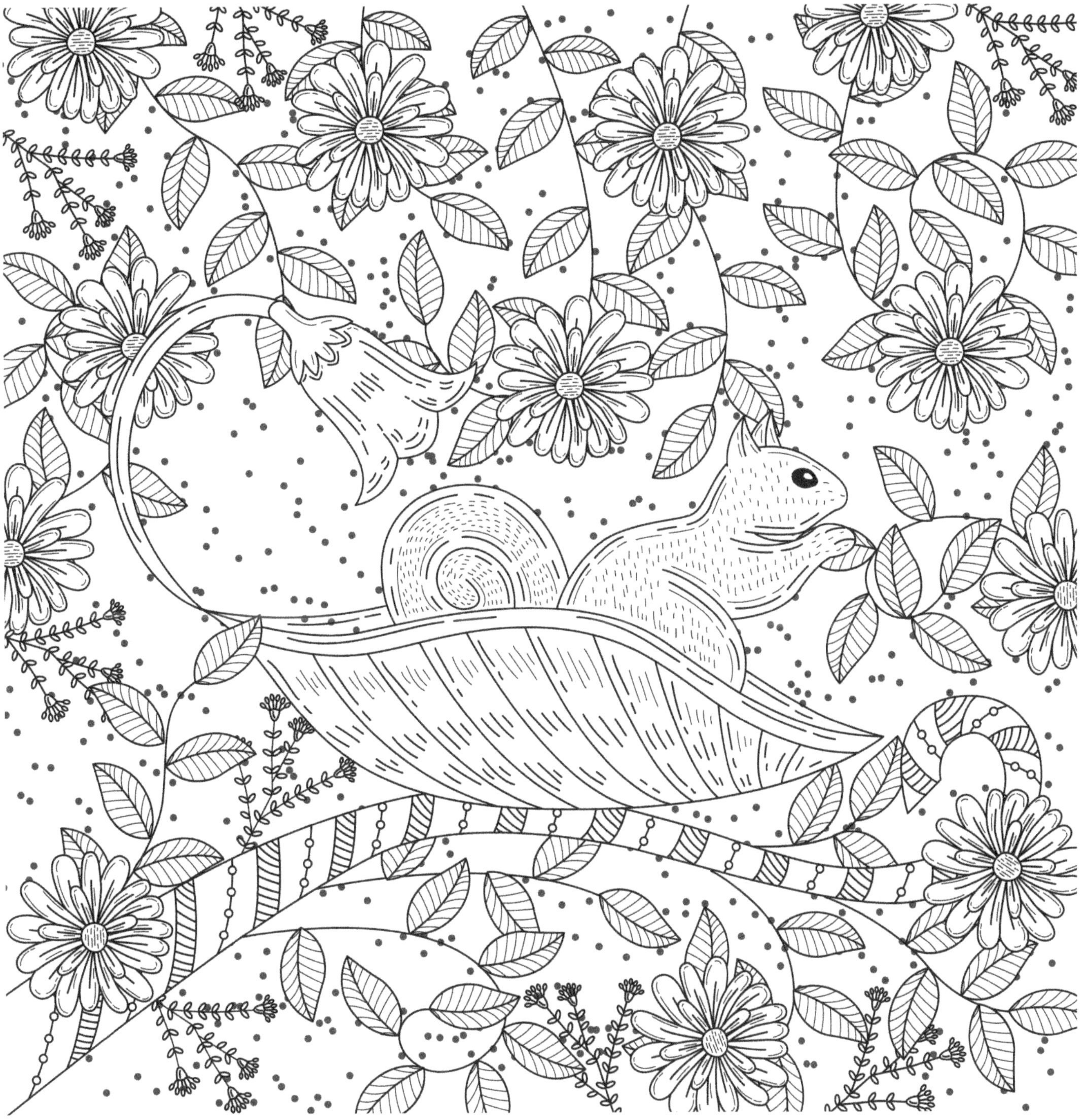

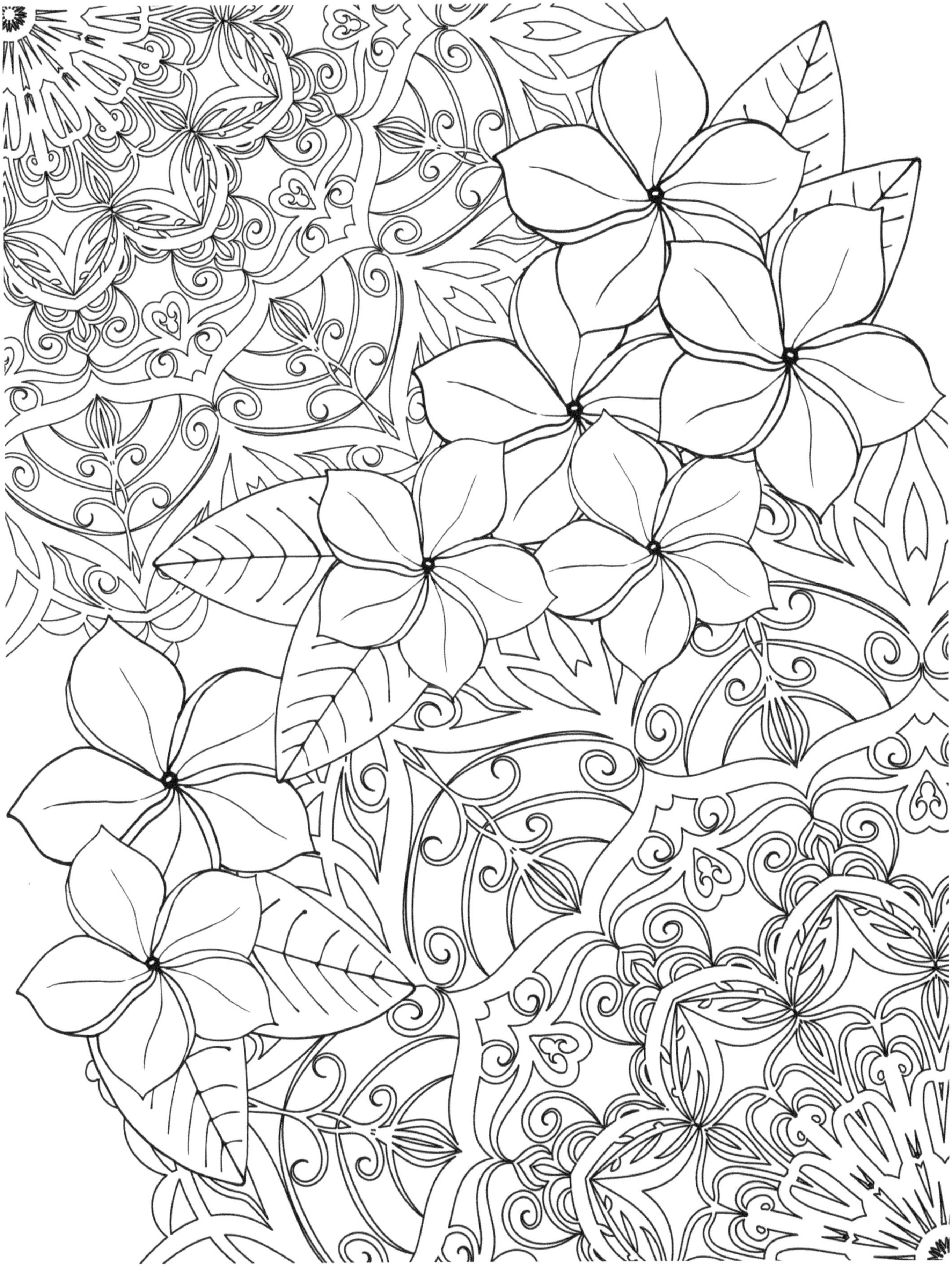

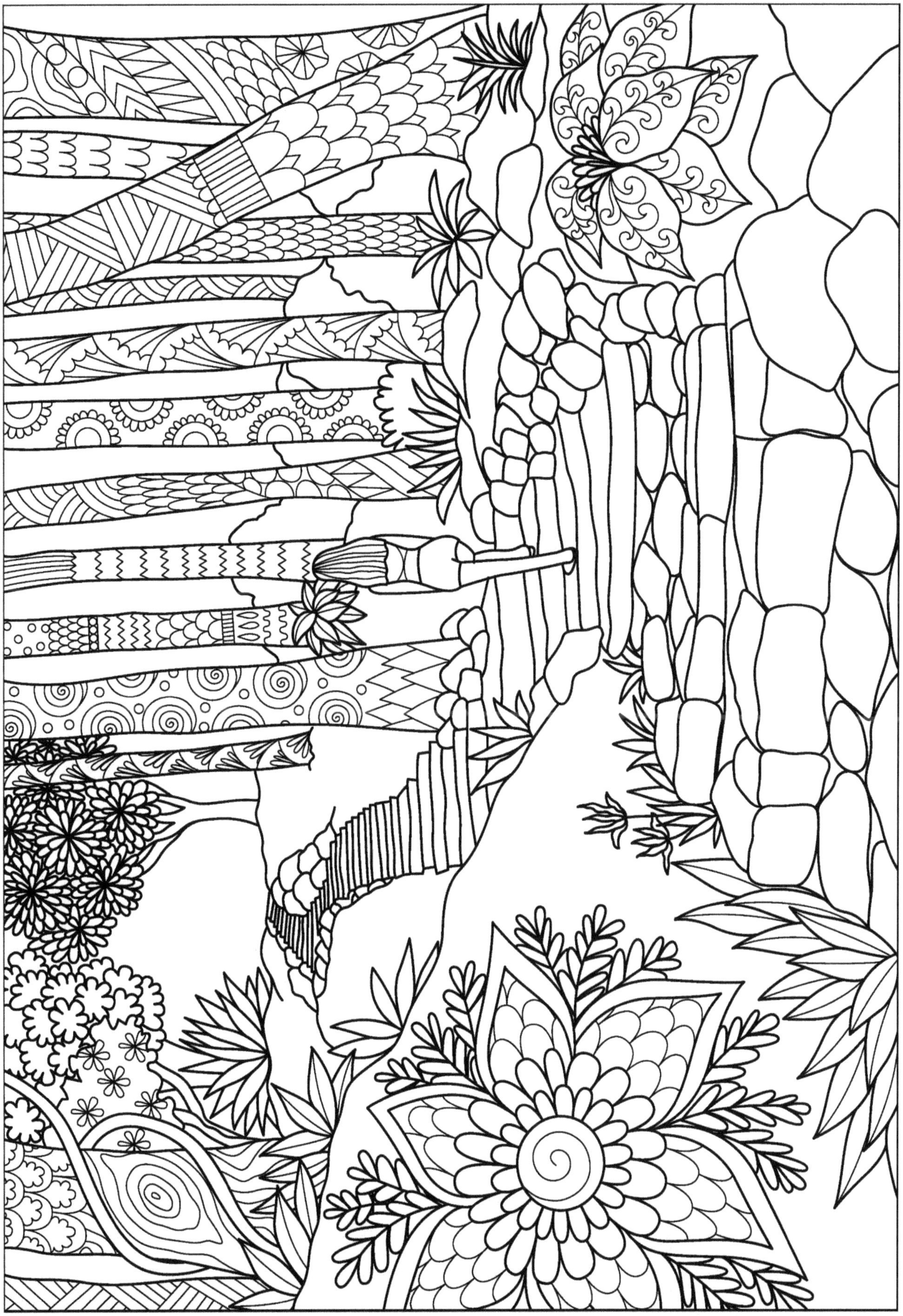

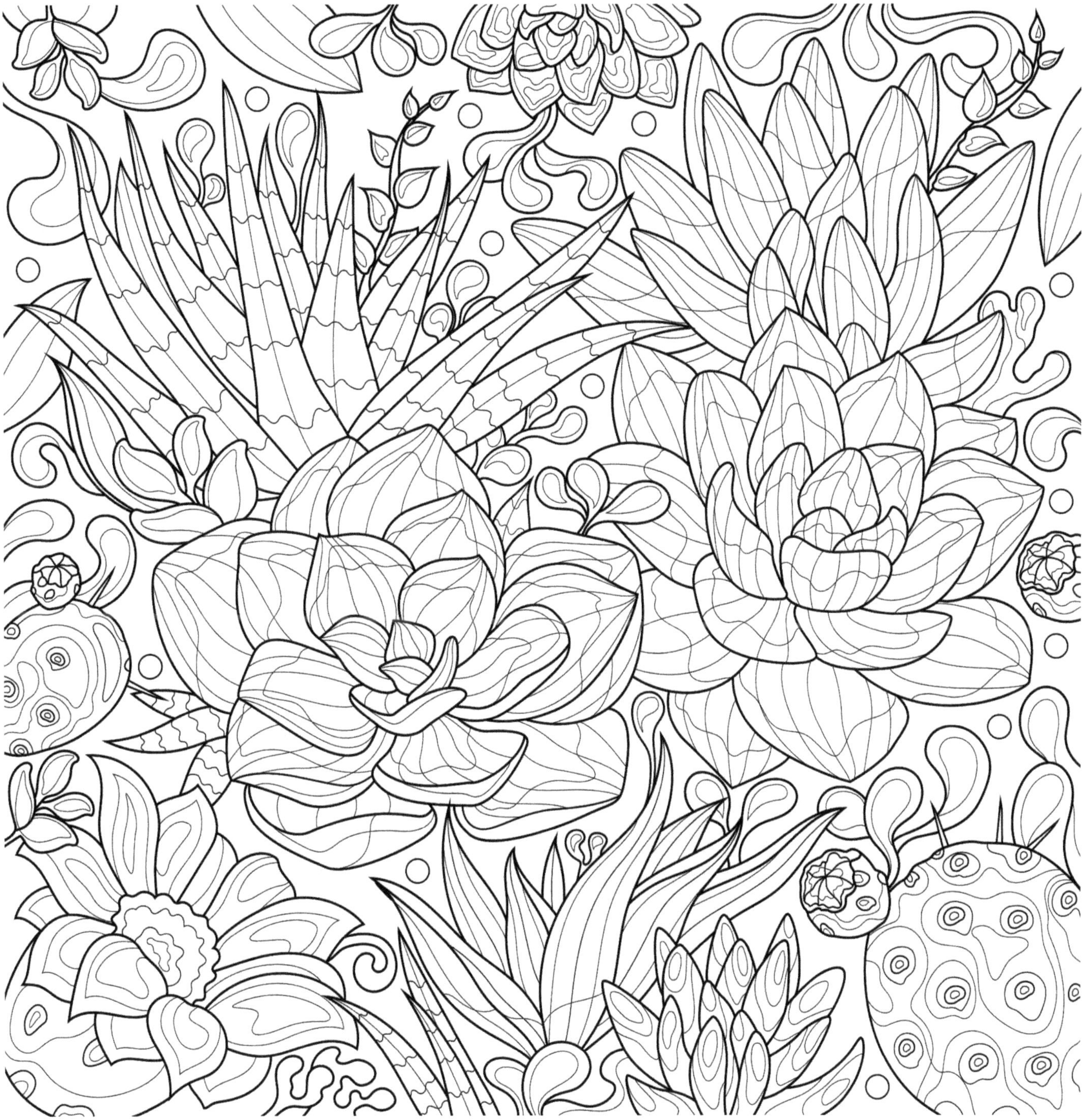

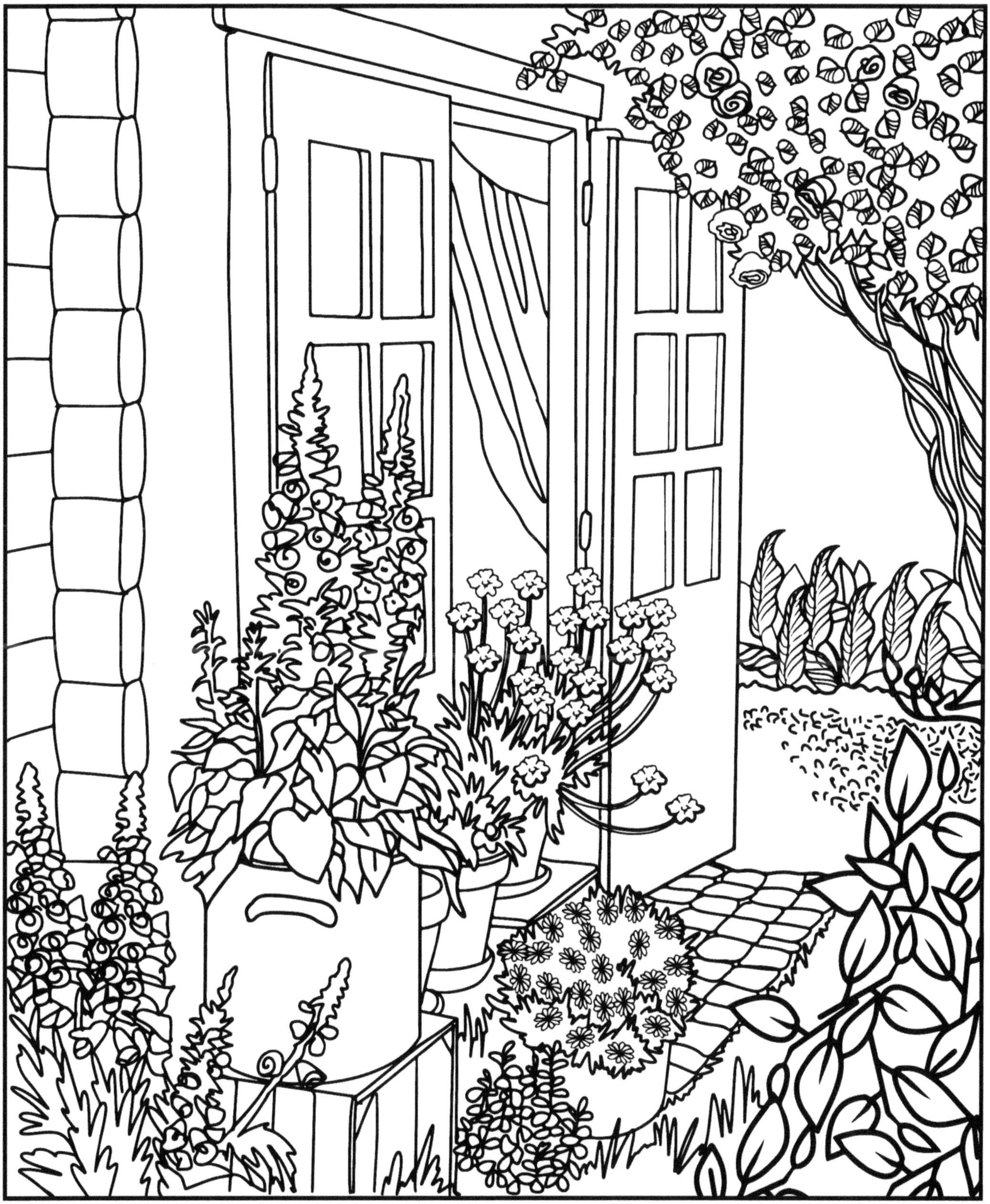

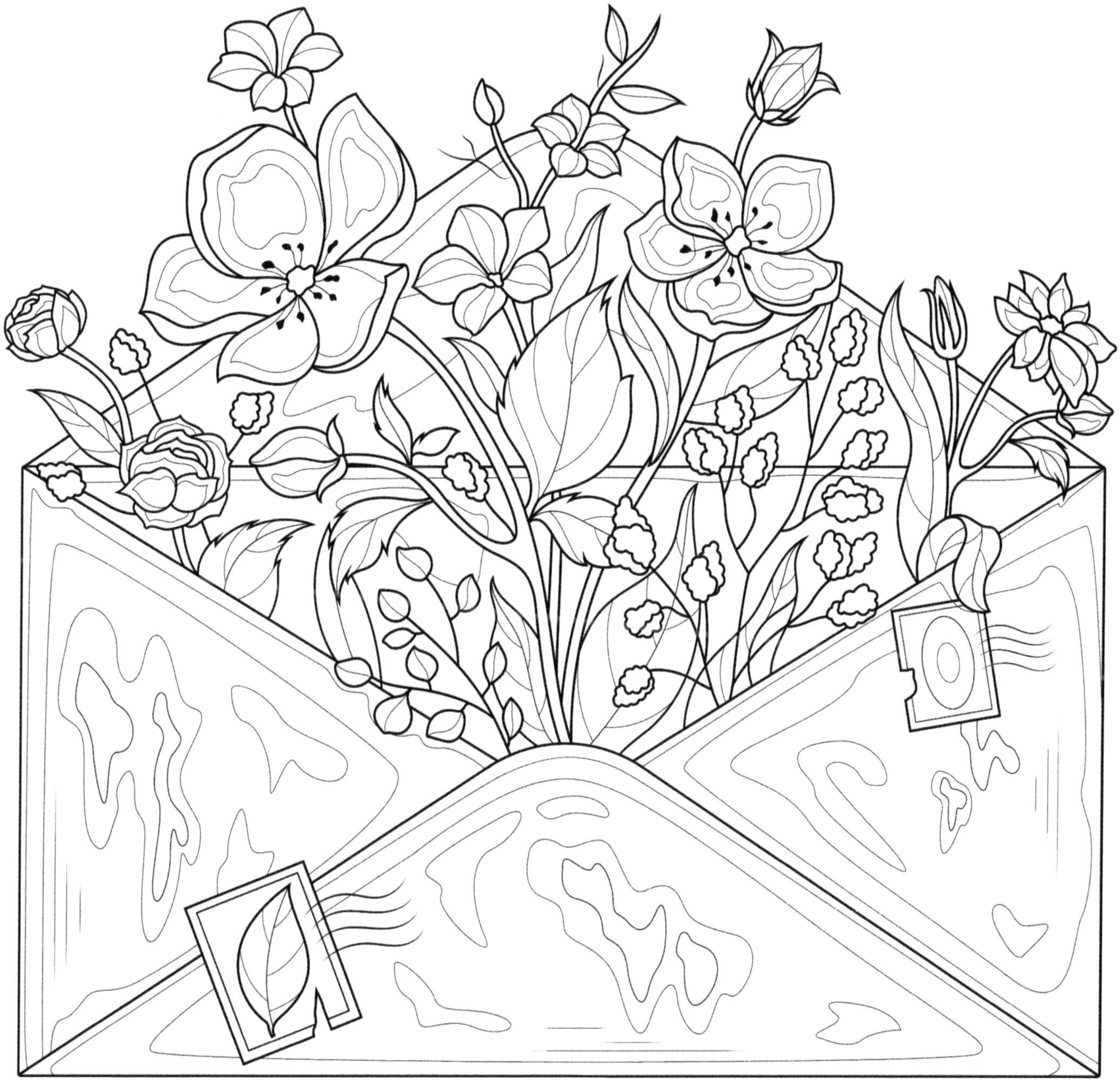

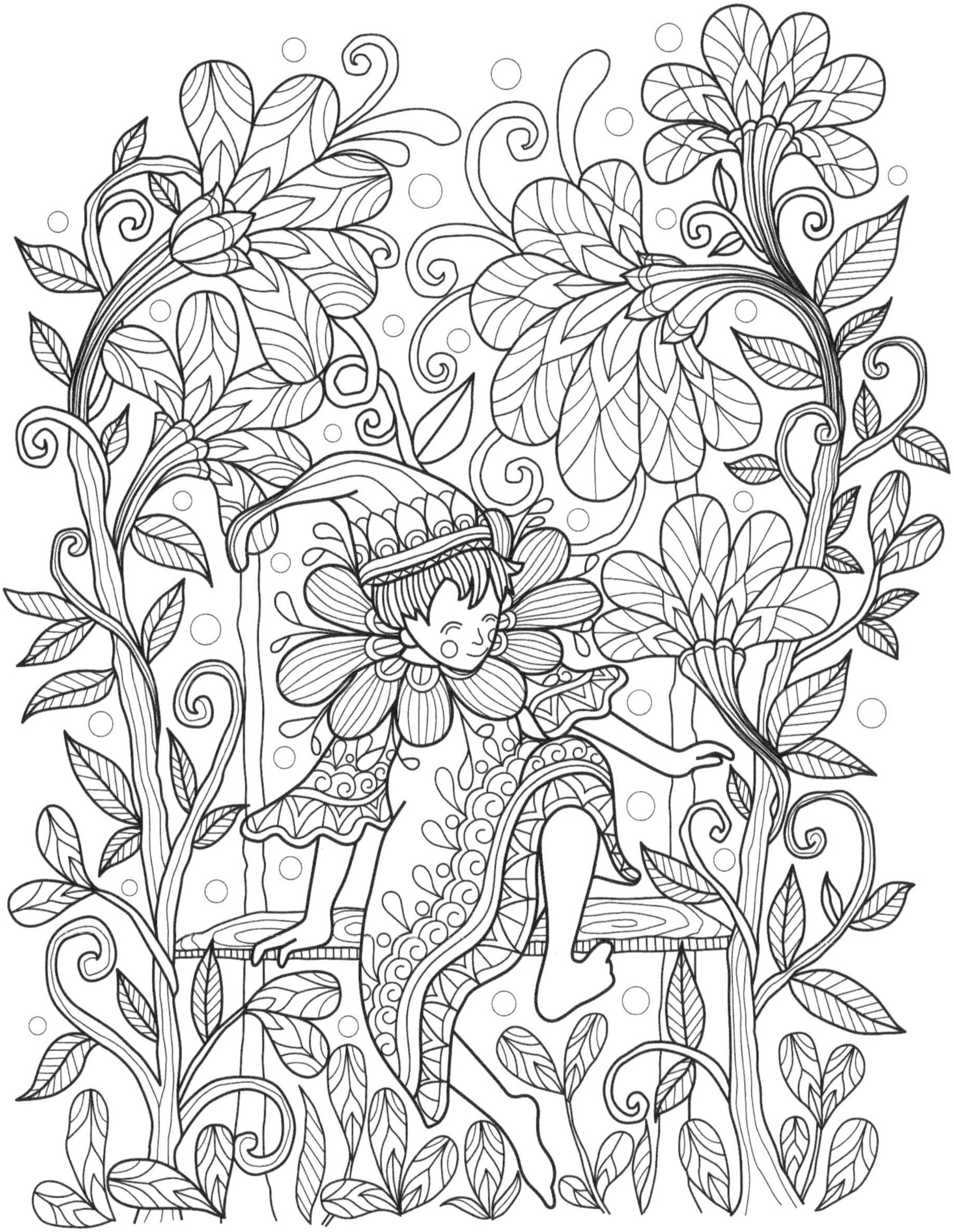

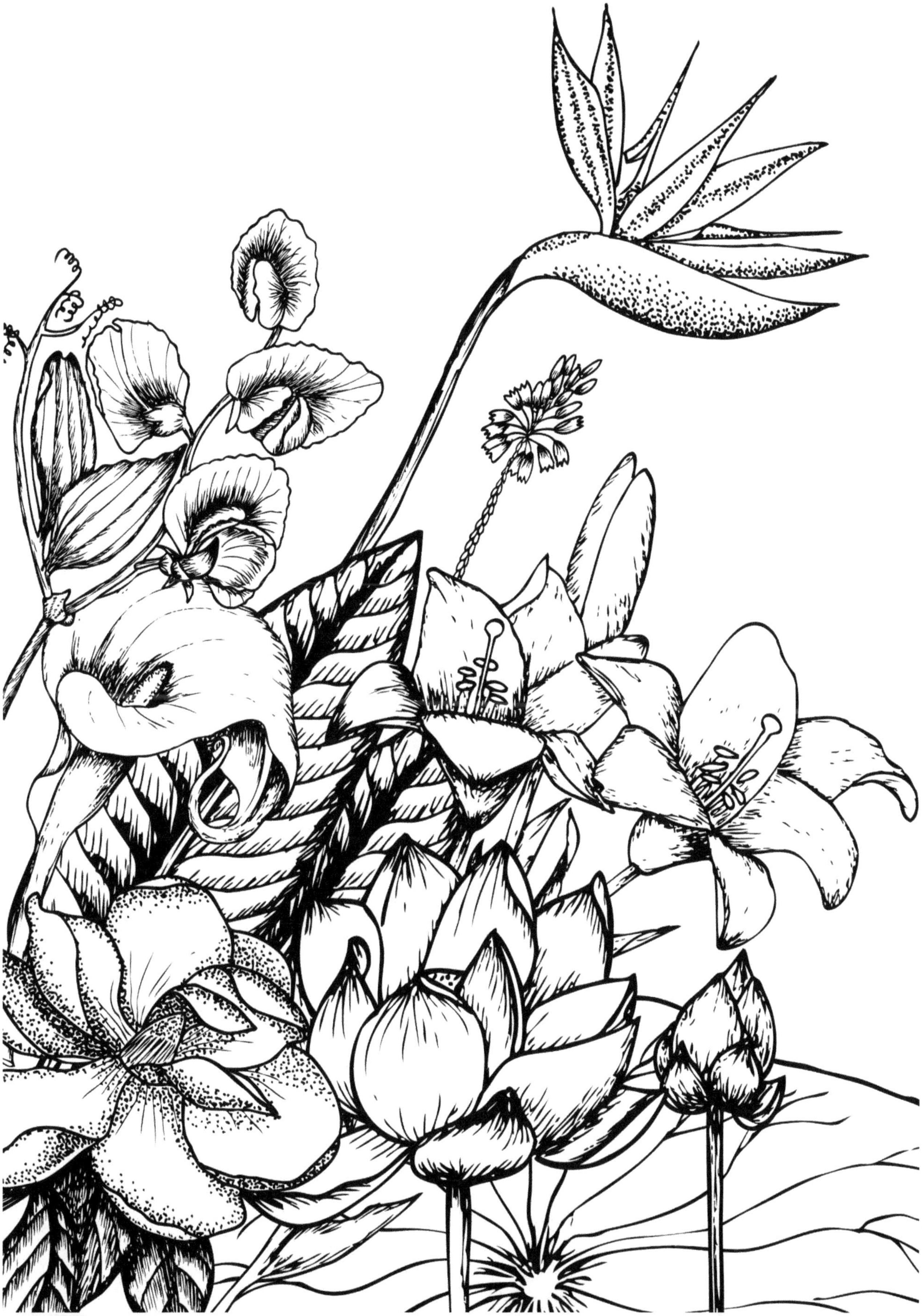

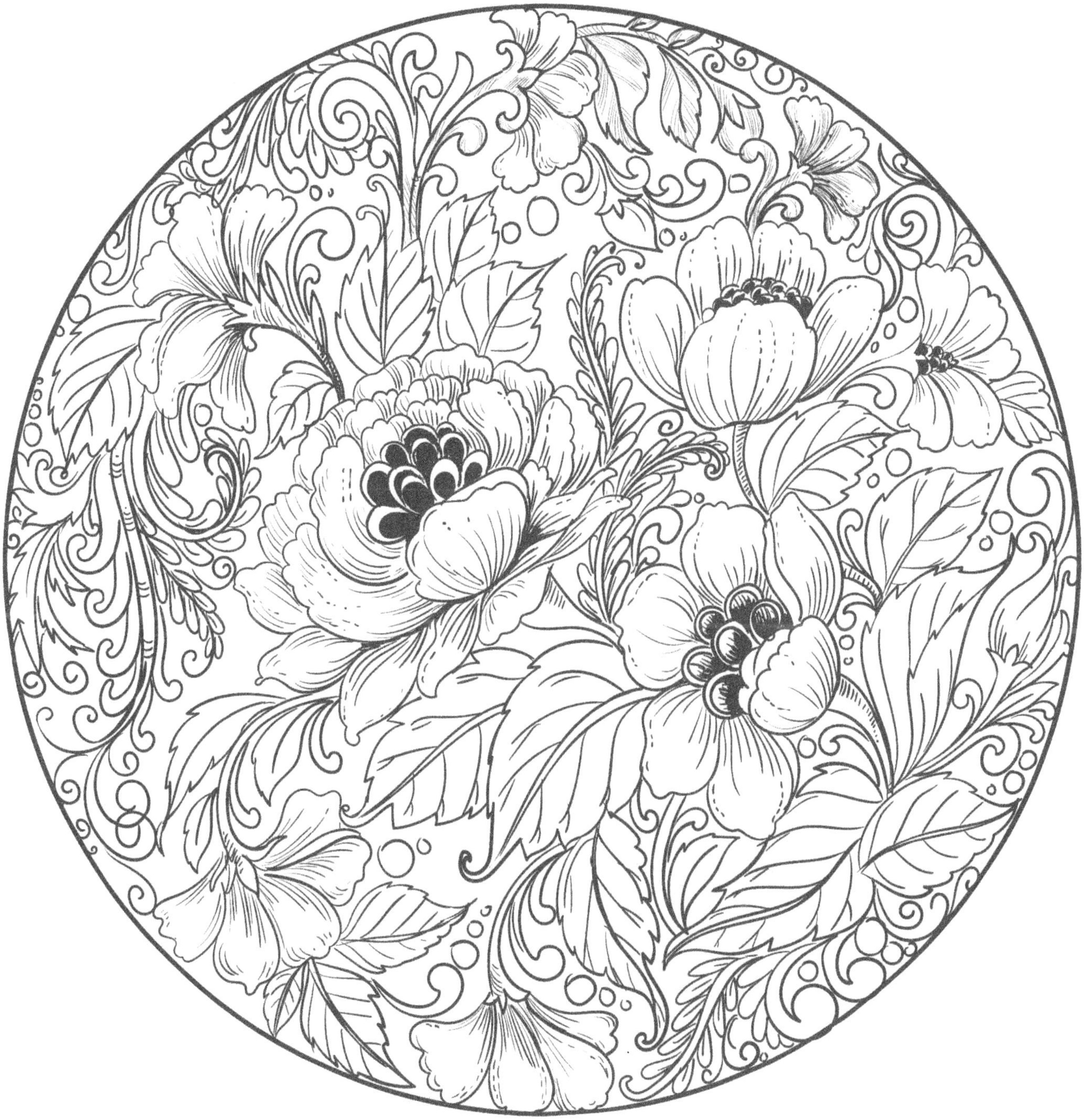

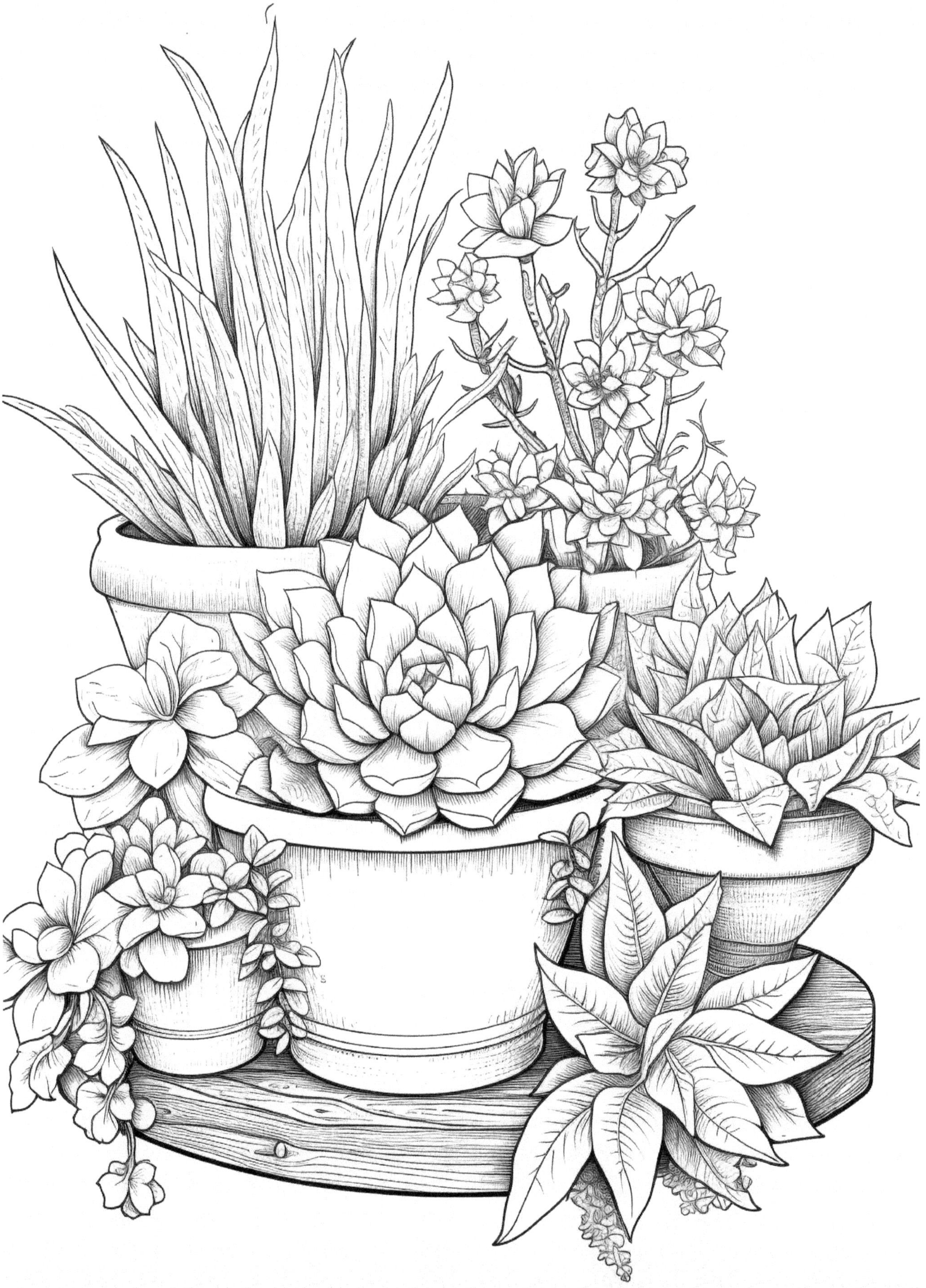

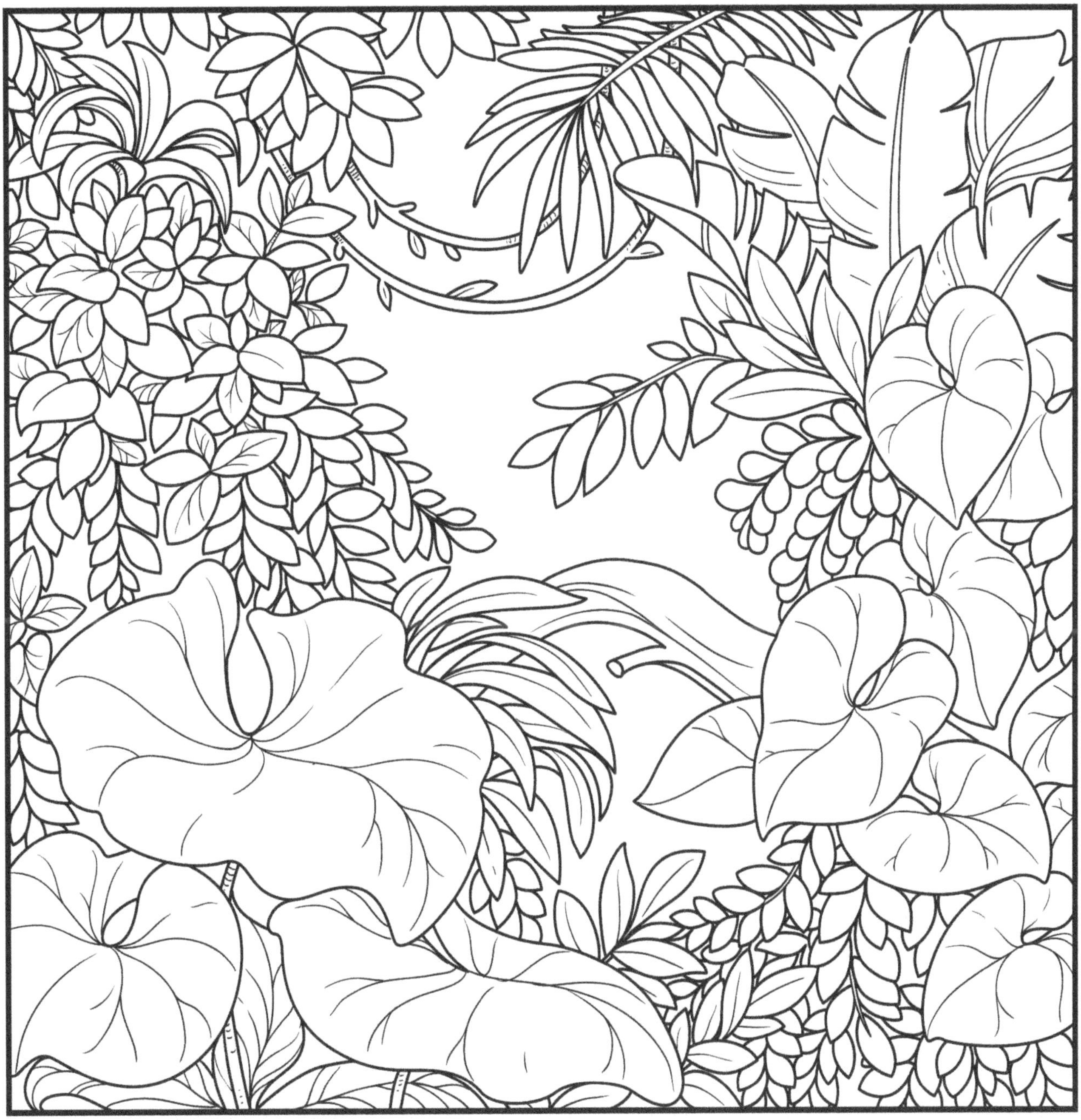

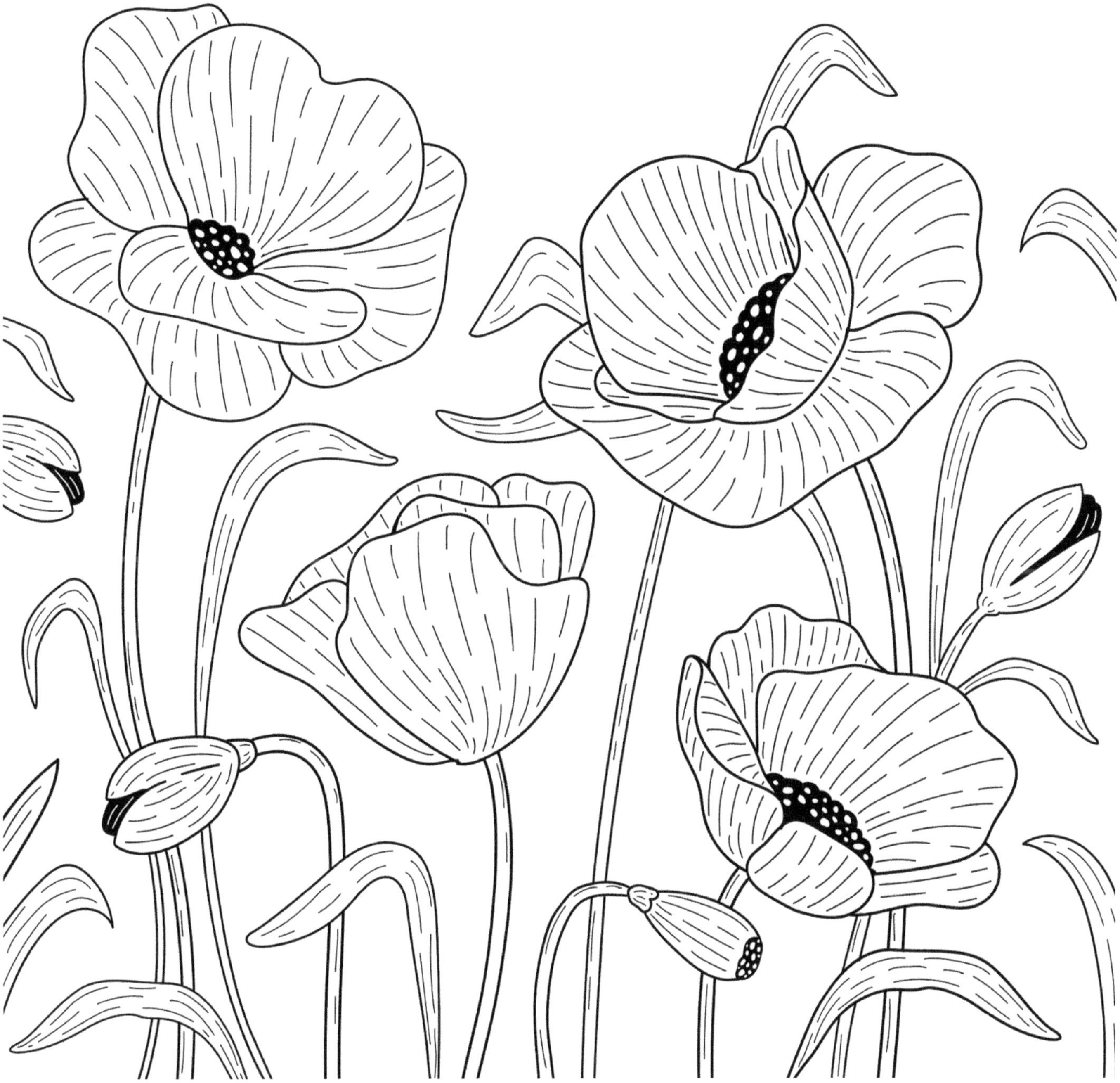

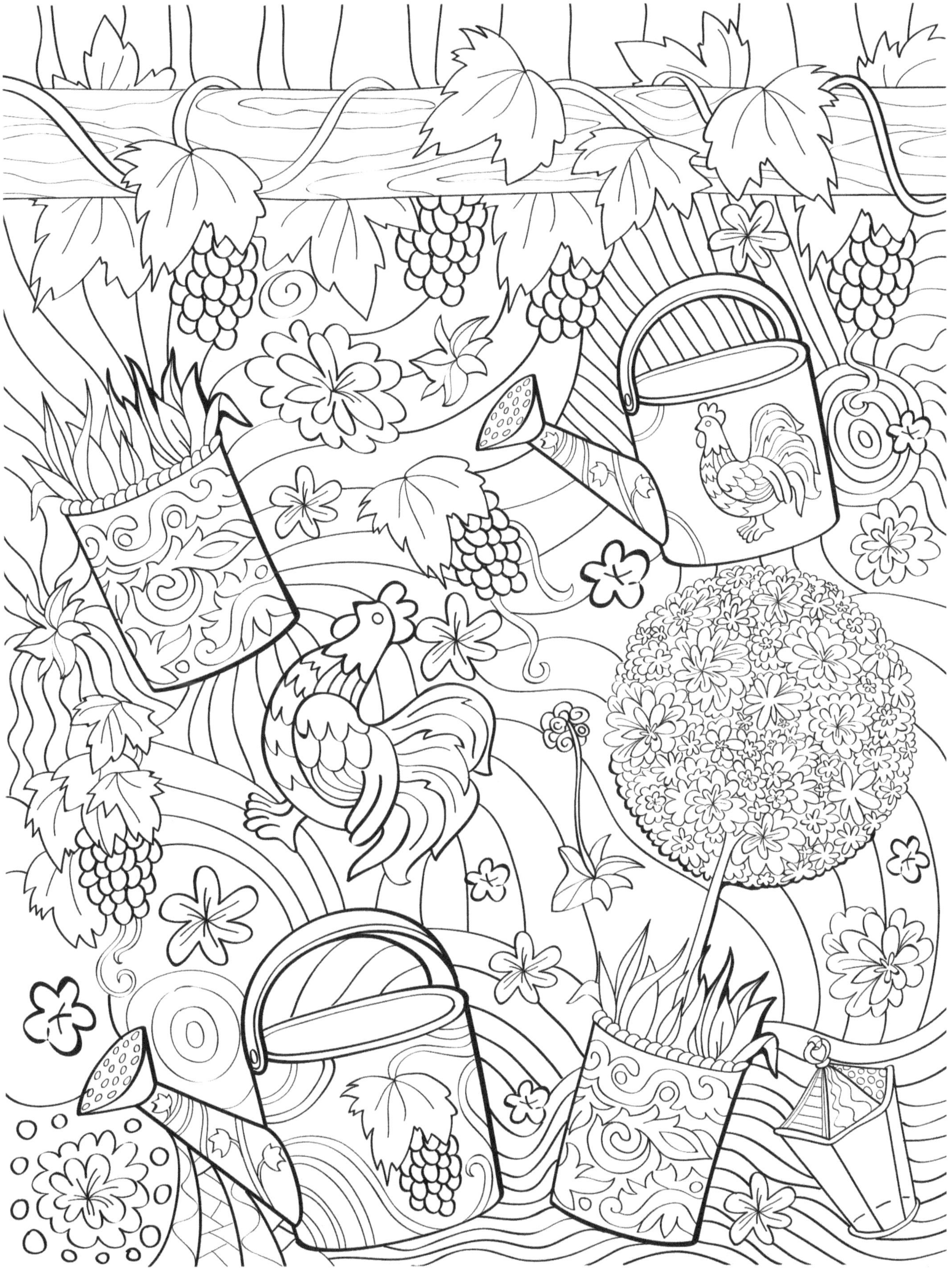

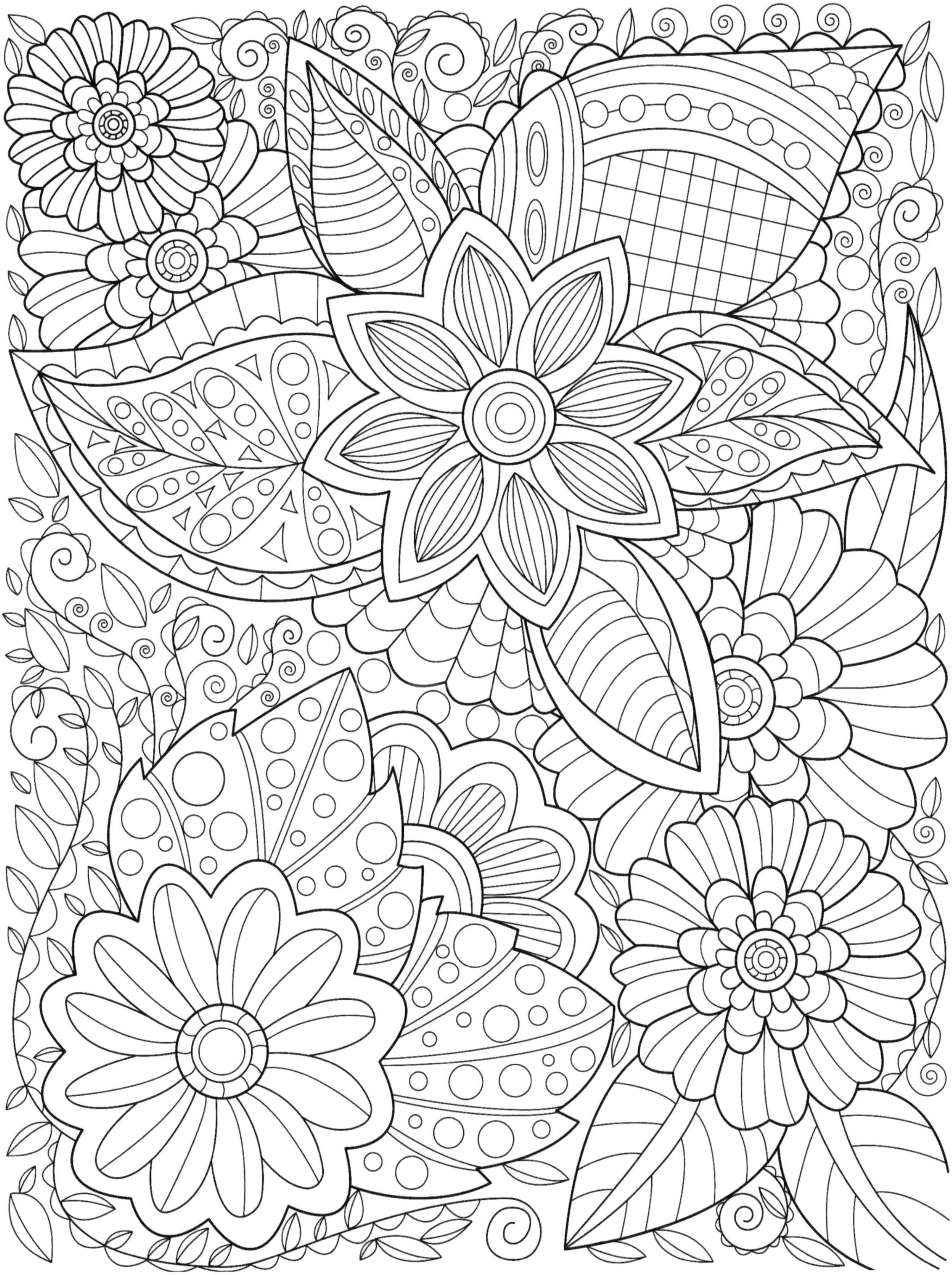

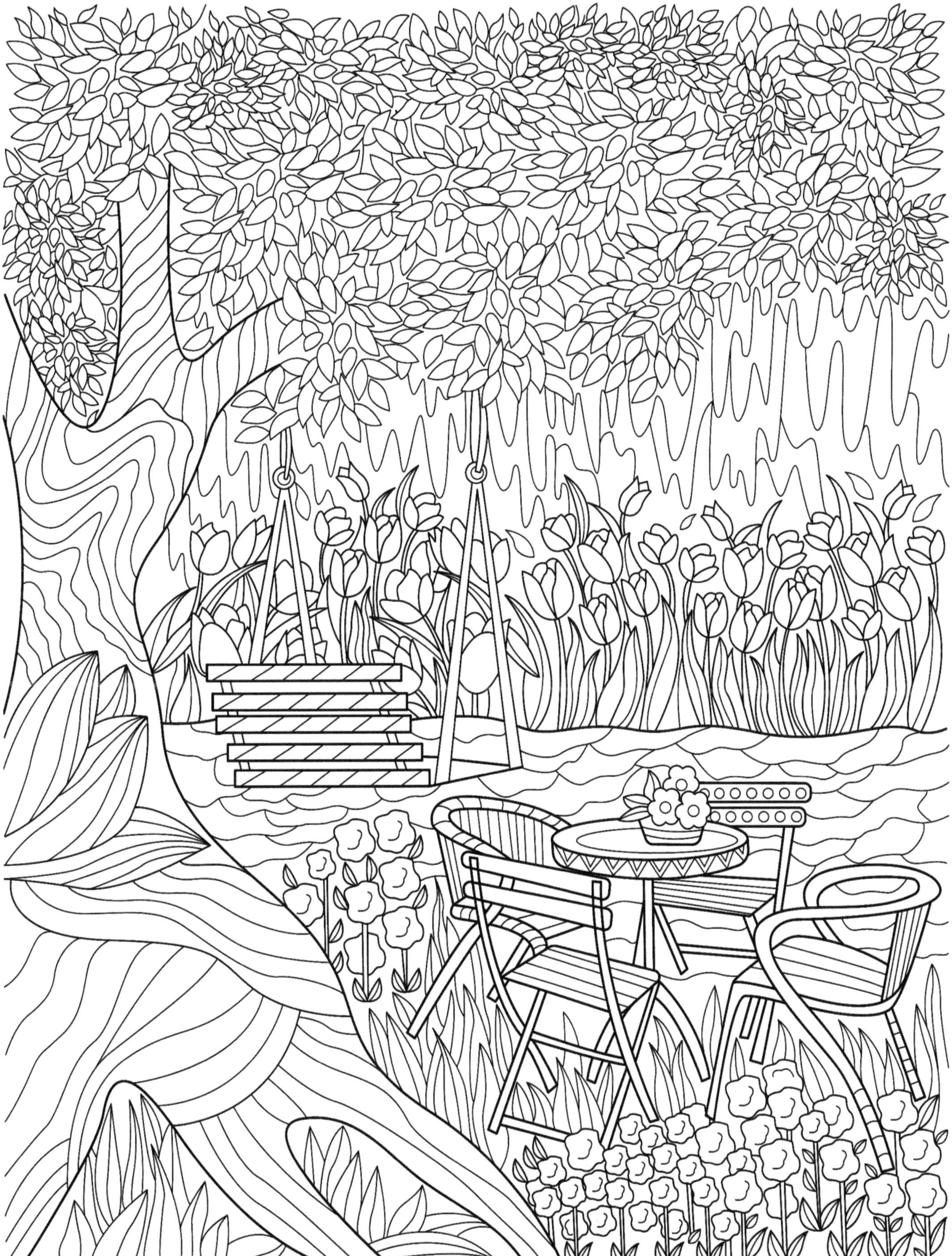

CPSIA information can be obtained
at www.ICGtesting.com
Printed in the USA
LVHW021403080623
749002LV00005B/67

9 798211 189201